Gabriele Colditz

Fiederbartwelse

Gabriele Colditz

Fiederbartwelse

Aquarienfische aus Afrika

27 Farbfotos
3 Zeichnungen
27 Karten

Natur Verlag

Die Autorin: Dr. Gabriele Colditz, Jahrgang 1958, studierte an der westfälischen Wilhelms Universität Münster Biologie. Sie arbeitet seit ihrer Promotion im Jahre 1986 als freiberufliche Autorin u. a. für aquaristische Fachzeitschriften; Tätigkeit im behördlichen Umwelt- und Naturschutz; Mitarbeit an Schulfilmen für das Fach Biologie.
Umschlagfotos: oben *S. nigrita*, u. l.:*S. decorus* und *S. notatus*, u. r.: *S. angelicus*, u. r.: *S. courteti*
Foto auf Seite 2: Fiederbartwelse auf einem altägyptischen Farbrelief

CIP-Titelaufnahme der Deutschen Bibliothek

Colditz, Gabriele:

Fiederbartwelse: Aquarienfische aus Afrika/Gabriele Colditz.
–Augsburg: Natur-Verl., 1991
ISBN 3-89440-012-9

Natur Verlag
© 1991 Weltbild Verlag GmbH, Augsburg
Alle Rechte vorbehalten
Umschlaggestaltung: Peter Engel, Grünwald
Umschlagfotos: H. Reinhard und G. Colditz
Zeichnungen: Marlene Gemke, Germering
Satz: 10 p Palatino, Utesch Satztechnik GmbH, Hamburg
Gesamtherstellung: Appl, Wemding
Printed in Germany

ISBN 3-89440-012-9

Vorwort

Fiederbartwelse – eine etwas ungewöhnliche Fischgruppe, die nicht unbedingt jedem Aquarianer sehr gut bekannt ist. Besonders auffallend gefärbte Arten wie z. B. *Synodontis angelicus* oder der immer auf dem Rücken schwimmende *Synodontis nigriventris* erfreuen sich zwar einer gewissen Popularität; wer weiß aber schon, daß es noch zahlreiche andere, nicht minder hübsche oder interessante Fiederbartwels-Arten gibt, die problemlos im Aquarium gehalten werden können.

Mein Interesse an diesen Tieren wurde während des Biologie-Studiums geweckt, als ich für meine Dissertation verhaltens-physiologische Untersuchungen am Rückenschwimmenden Kongowels (*S. nigriventris*) und einigen anderen *Synodontis*-Arten zum Vergleich durchführte. So lernte ich vieles über die Lebensweise dieser Tiere und ich versuchte, möglichst zahlreiche verschiedene Arten zu pflegen und ihr Verhalten zu beobachten.

Nachdem nun einige Jahre vergangen waren und immer noch zahlreiche Fiederbartwelse in meinem Aquarium zu Hause leben, entstand die Idee zu diesem Buch, welches dem Leser eine faszinierende Tiergruppe näherbringen und alle notwendigen Informationen über Vorkommen, Biologie und Haltung liefern soll.

Wer erst einmal einige *Synodontis*-Arten in seinem Aquarium gepflegt und beobachtet hat, wird feststellen, wie interessant diese langlebigen und robusten Fische sind. Sie unterscheiden sich nicht nur äußerlich, sondern auch durch ihre z. T. recht ungewöhnlichen Verhaltensweisen von den meisten anderen Zierfischen.

Inhalt

Systematische Einordnung

Als stammesgeschichtlich älteste Tiergruppe, die eine vollständig verknöcherte Wirbelsäule besitzt, stellen die Fische die primitivste Gruppe der Wirbeltiere dar.

Innerhalb der Fische unterscheidet man zwei große Gruppen: die Knorpelfische und die Knochenfische. Wie der Name schon sagt, ist das Innenskelett der Knorpelfische knorpelig, das der Knochenfische dagegen fast vollständig verknöchert. Die meisten Knochenfische gehören wiederum zur Gruppe der Strahlenflosser, die den Fleischflossern gegenübergestellt werden. Wie die Welse zählen die meisten Strahlenflosser zu den Echten Knochenfischen.

Die Ordnung der Welse umfaßt 32 Familien mit etwa 2000 Arten. Welse sind vorwiegend bodenbewohnende Fische mit massigen Körpern. Die Haut ist schuppenlos oder mit Knochenplatten bedeckt. Besonders charakteristisch ist das unterständige Maul mit den geschmacksempfindlichen Barteln.

Unterstamm *Vertebrata* (Wirbeltiere)
Überklasse *Pisces* (Fische)
Klasse *Ostheichthyes* (Knochenfische)
Unterklasse *Actinopterygii* (Strahlenflosser)
Überordnung *Teleostei* (Echte Knochenfische)
Ordnung *Siluriformes* (Welse)
Familie *Mochocidae* (Fiederbartwelse)
Gattung *Synodontis*

Verbreitung

Alle für die Aquaristik bedeutsamen Fiederbartwelse gehören der Gattung *Synodontis* an.

Die insgesamt 110 *Synodontis*-Arten sind ausschließlich auf dem afrikanischen Kontinent beheimatet (s. Karte S. **10**). Allein 37 Arten leben im Zaire (früher: Kongo) und seinen Nebenflüssen. Einige sind an das Leben in schnellfließenden Gewässern angepaßt. Andere Arten dagegen leben im ruhigen Wasser der Seen.

Viele dieser dämmerungs- und nachtaktiven Welse halten sich tagsüber im beschatteten Wasser in Ufernähe verborgen. Sie verstecken sich unter Wurzeln, überhängenden Felsen, Wasserpflanzen und ähnlichem, wobei sie jede erdenkliche Körperlage einnehmen, da sie ihre Bauchseite immer dem Substrat zuwenden.

Arten, die in den größeren Tiefen der Seen leben, ziehen auch tagsüber umher, um den Bodengrund in dem durch die große Wassertiefe gedämpften Licht abzusuchen.

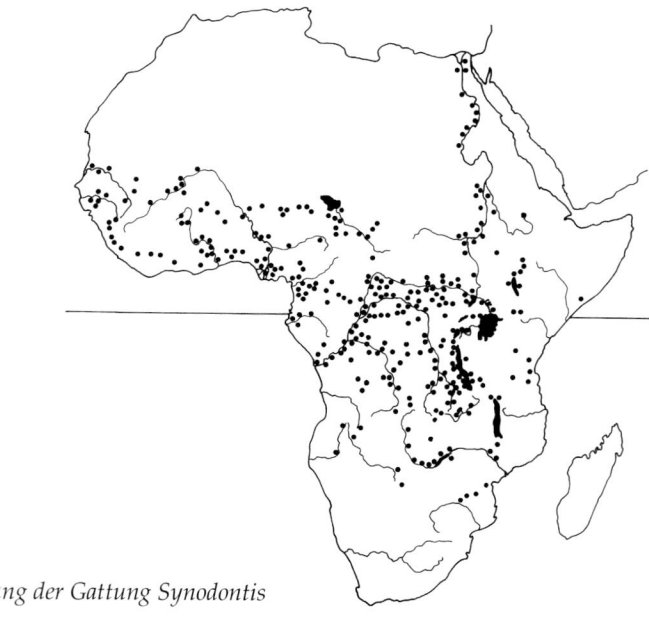

Verbreitung der Gattung Synodontis

Geschichte der Fiederbartwelse

Einige der ältesten Dokumente, die einen Fiederbartwels darstellen, findet man unter den bemalten Flachreliefs im Grabe des Ti in Sakkara aus der fünften Dynastie von Ägypten (s. Abb.).

Die Grabkammern wurden um 2700 v. Chr. erbaut. In zwei verschiedenen Jagd- und Fischereiszenen ist ein rückenschwimmender Wels zu erkennen, der aufgrund seiner typischen Merkmale (Körperform, Kopfschild, Barteln) der Gattung *Synodontis* wissenschaftlich zugeordnet werden muß.

Die Darstellung in dem Relief läßt vermuten, daß die Welse schon früher, wie auch heute noch, als Speisefische genutzt wurden.

Im Jahre 1757 wurde erstmalig ein Fisch der Gattung *Synodontis* wissenschaftlich beschrieben. LINNÉ ordnete ihn damals unter dem Namen *Silurus clarias* in sein »Systema naturae«, in dem er versuchte, alle Tiere und Pflanzen wissenschaftlich zu beschreiben und zu systematisieren, ein. 1799 entdeckte man, daß für den mittlerweile in *Synodontis schall* umbenannten Wels drei Bartelpaare cha-

Darstellung eines Fiederbartwelses auf einem altägyptischen Grabrelief

rakteristisch sind. Erst 1817 führte CUVIER den heute noch gültigen Gattungsnamen *Synodontis* ein.

Nach dem zweiten Weltkrieg gewannen besonders die kleineren *Synodontis*-Arten an Bedeutung für die Aquaristik in Europa und den USA.

Typische Merkmale

Ihren Namen verdanken die Fiederbartwelse (s. Abb.) einem auffälligen anatomischen Merkmal: Die beiden Unterkieferbartelpaare (Mandibularbarteln) sind verzweigt (»gefiedert«).

cherne Kopfschild und die, wie bei allen Welsen, schuppenlose Haut.

Die Fettflosse kann bei einigen Arten so groß sein, daß sie den gesam-

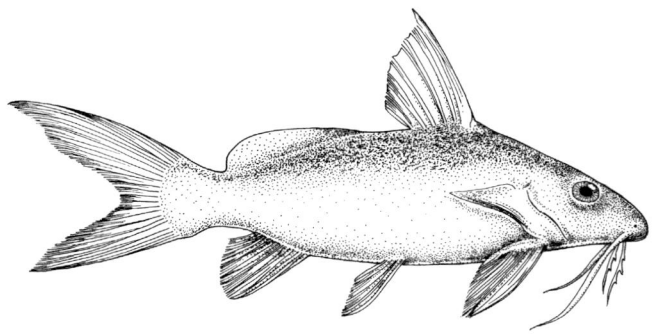

Die längeren Oberkieferbarteln (Maxillarbarteln), von denen die Fiederbartwelse nur ein Paar besitzen, tragen bei vielen Arten an ihrer Basis eine Membran. Vorhandensein, Größe und Form dieser Membran sind wichtige Bestimmungsmerkmale. In seltenen Fällen sind auch die Maxillarbarteln verzweigt.

Weitere anatomische Besonderheiten sind die große Fettflosse, der knö-

ten Abstand zwischen Rückenflosse und Schwanzflosse einnimmt. Der kräftige Kopfschild hat die Funktion eines Knochenpanzers, der die empfindlichen Organe in der vorderen Körperhälfte vor Verletzungen schützt. Da die Form des Kopfschildes von Art zu Art variiert, dient sie ebenso wie die Größe der Fettflosse als wichtiges Bestimmungsmerkmal.

Da die meisten *Synodontis*-Arten sowohl im Oberkiefer als auch im Unterkiefer kräftige Zähne tragen,

12

wird deren Vorkommen und Anzahl zusätzlich zur Bestimmung herangezogen.

Ein weiteres anatomisches Merkmal, das besonders Aquarianer beachten sollten, sind die sehr kräftig gebauten und gezähnten knöchernen Brustflossenstrahlen. Fiederbartwelse sollten nur mit engmaschigen Netzen gefangen werden, da sich ansonsten diese Knochenstrahlen in den Maschen des Keschers verfangen und nur sehr mühsam daraus befreit werden können. Das kann sowohl zu Verletzungen des Fisches als auch des Menschen führen.

Einen genauen Bestimmungsschlüssel aller *Synodontis*-Arten findet man in dem 1971 von MAX POLL verfaßten französischsprachigen Werk »Révision des Synodontis africaines«.

Eine anatomische Besonderheit: der Sperrmechanismus

Der erste Flossenstrahl von Rücken- und Brustflossen der Fiederbartwelse ist verknöchert und sehr kräftig ausgebildet. Je nach Schwimmposition und Geschwindigkeit werden die Flossenstrahlen mehr oder weniger abgespreizt beziehungsweise angelegt. Durch einen komplizierten Mechanismus lassen sich aber diese mit spitzen Enden versehenen Knochenstrahlen auch in der abgespreizten Haltung arretieren. Nur durch das Zusammenspiel bestimmter Muskeln kann der Wels die Arretierung lösen und die Flosse wieder anlegen. Dieser sogenannte Sperrmechanismus dient den Tieren zum Schutz und zur Abwehr von Feinden. Einerseits können sich die Welse mit ihren abgespreizten Flossenstrahlen in Höhlen oder anderen Versteckplätzen so verkeilen, daß sie nicht herausgezogen werden können. Andererseits erschwert der Sperrmechanismus den Freßfeinden von *Synodontis*-Arten das Verschlukken ihrer Beute. »Verriegelt« der Wels seine Flossenstrahlen in der abgespreizten Haltung, wenn er gerade als Beute verschluckt werden soll, so bleibt er seinem Feind buchstäblich im Halse stecken. Hat sich der Wels erst einmal richtig im Schlund des Räubers verkeilt, müssen beide Tiere jämmerlich zugrunde gehen, da selbst der Wels in solch einer Situation die Arretierung nicht mehr lösen kann.

Lauterzeugung

Die knöchernen Brustflossenstrahlen werden weiterhin zur Lauterzeugung verwendet (s. Abb.). Auch hierbei spielen bestimmte Muskeln eine entscheidende Rolle. Bringen diese Auseinandersetzungen der Tiere vernehmen. Versucht z. B. ein Wels sein Revier gegen einen anderen zu verteidigen und fühlt sich dabei in seinem Versteckplatz bedrängt,

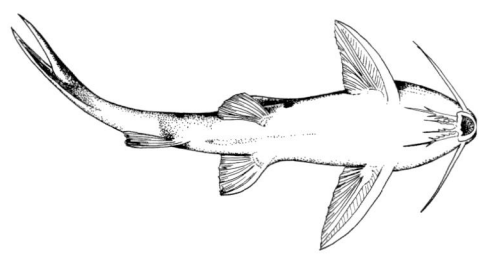

Muskeln den Knochenstrahl in die entsprechende Position im Gelenk, lassen sich sowohl beim Abspreizen als auch beim Anlegen der Brustflossen knarrende Laute erzeugen, die sich etwa so anhören, als ziehe man die Zinken eines Kamms über eine Tischkante. Diese Laute entstehen durch das Aneinanderreiben zweier Knochen, welche eine gezähnte Oberfläche besitzen. Außerhalb des Aquariums sind diese Laute gut zu hören.

Die Lauterzeugung hat wahrscheinlich kommunikative Funktion. Man hört die Laute nur, wenn mehrere Fiederbartwelse – und vermehrt, wenn verschiedene Arten – miteinander vergesellschaftet sind. Besonders häufig lassen sich die Laute bei kommt es zu diesen Lautäußerungen. Ebenso »knarren« die Tiere, wenn man sie mit dem Kescher einfängt und am Körper festhält. Offensichtlich erzeugen die Fiederbartwelse nur dann Knarrlaute, wenn sie sich bedroht oder bedrängt fühlen: die Lautäußerungen haben die Bedeutung eines Schrecksignals, das einerseits Artgenossen warnen und andererseits Feinde abschrecken soll.

Fiederbartwelse können auch grunzende Laute mit Hilfe ihrer Schwimmblase erzeugen. Die Töne treten sowohl bei Angst und Schmerz aber auch bei der Paarung auf. Allerdings kann man sie bei in Gefangenschaft gehaltenen Tieren kaum hören.

14

Ernährung und Orientierung

In ihrem natürlichen Biotop ernähren sich die Fiederbartwelse von Insekten und deren Larven, von Algen, Pflanzenresten und Samen, die ins Wasser gefallen sind, außerdem von kleinen Crustaceen (Krebstieren) und Mollusken (Weichtieren). Je nach Lebensraum sind sie auf eine bestimmte Nahrung mehr oder weniger spezialisiert. Es gibt Arten, die sich z. B. hauptsächlich von einer bestimmten Schneckenart ernähren.

Das Nahrungsangebot schwankt stark mit den Jahreszeiten. In der Regenzeit von Dezember bis Februar ist das Nahrungsangebot am reichhaltigsten, so daß die Laichperiode bei den meisten Arten in diesen Zeitraum fällt.

Wie stark sich das unterschiedliche Nahrungsangebot auf die Tiere selbst auswirkt, erkennt man an den für die Altersbestimmung herangezogenen Wirbeln, die deutliche Jahresringe ausbilden. Die Größe der Ringe schwankt mit den Jahreszeiten und mit dem damit verbundenen unterschiedlich großen Futterangebot.

Die meisten Welse leben in huminsäurereichem Schwarzwasser, dessen pH-Wert oft unter fünf abfällt. Ein Härtegrad von 0 °GH ist keine Seltenheit. Da das Wasser oft bräunlich gefärbt und sogar trüb ist und die Tiere dämmerungs- bzw. nachtaktiv sind, spielt der Gesichtssinn bei der Orientierung und bei der Nahrungsaufnahme eine untergeordnete Rolle. Dagegen können die Tiere sehr gut riechen, was die großen, deutlich erkennbaren Nasenöffnungen erahnen lassen. Fiederbartwelse besitzen zwei Paar Nasenöffnungen, so daß das Wasser jeweils durch eine Öffnung ein- und durch die andere austreten kann. So strömt es kontinuierlich an den Geruchszellen vorbei, und hilft den Tieren bei der olfaktorischen Orientierung.

Das Futter wird zunächst durch den Geruchssinn wahrgenommen; dadurch werden die Tiere veranlaßt, gezielte Suchbewegungen zu vollführen. Das Lokalisieren der Futterpartikel erfolgt mit den Barteln, auf denen sich sowohl Tast- als auch Geschmacksrezeptoren befinden. Wissenschaftliche Versuche haben ergeben, daß Welse mit ihren Barteln süß, sauer und salzig schmecken können. Bittere Geschmacksstoffe werden erst im Mundraum erkannt.

Die drei Bartelpaare sind nicht nur für die Nahrungsaufnahme, sondern auch für die Nahorientierung wichtig. Die beiden kürzeren Unterkieferbartelpaare untersuchen ständig das unter dem Körper befindliche Substrat. Die längeren Oberkieferbarteln können nach vorne gestreckt werden und auf diese Weise weiter entfernte Hindernisse bzw. Gegenstände tastend untersuchen.

Die Rückenschwimmer

Mehrere Arten aus der Familie der Fiederbartwelse zeichnen sich durch eine besondere Eigenart aus: sie können auf dem Rücken schwimmen.

Die Art *Synodontis nigriventris* z. B. schwimmt immer, wenn sie sich nicht am Gewässergrund befindet, auf dem Rücken. Dieses Schwimmverhalten ist nicht angeboren, sondern tritt erstmalig im Alter von sieben Wochen auf. Andere Arten nehmen nur gelegentlich diese Körperhaltung ein, und zwar, wenn sie Nahrungsteilchen von der Wasseroberfläche aufnehmen. Durch das – wie bei allen Welsen – unterständige Maul können die Tiere in normaler Schwimmposition nur mühsam von der Wasseroberfläche fressen. Wenn sie sich aber umdrehen, zeigt das Maul nach oben, und sie können ohne Schwierigkeiten Futter aufnehmen. Diese Fähigkeit bietet den Fiederbartwelsen einen ökologischen Vorteil in ihrem natürlichen Biotop. Im Zaire beispielsweise gehört ein Drittel der dort lebenden Fische zu den Bodenabsuchern, d. h., der Konkurrenzkampf um die Nahrung am Gewässergrund ist recht groß. Erlangen nun ursprünglich bodenabsuchende Fische die Fähigkeit, von der Wasseroberfläche zu fressen, haben sie gegenüber den anderen gründelnden Arten den Vorteil, an die Nahrung zu gelangen, bevor diese auf den Grund gesunken ist.

Obwohl die meisten Fiederbartwelse nicht auf dem Rücken schwimmen, nehmen sie aber häufig unter Blättern, Steinen oder Wurzeln eine Ruheposition ein, bei der die Unterseite eng an das Substrat geschmiegt ist, wobei jede erdenkliche Körperlage und auch die Rückenlage möglich ist.

Färbung

Die meisten Fiederbartwelse sind bräunlich, grau, silbrigweiß oder fast schwarz gefärbt. Sie sind gefleckt, gestreift, gepunktet, marmoriert oder einfarbig. Die Bauchseite ist normalerweise heller gefärbt als die Oberseite. Nach diesem Prinzip der Gegenschattierung sind die meisten Fische gefärbt. Die dunkle Oberseite hebt sich kaum von dem dunklen Untergrund ab, die hellere Unterseite fällt von unten gesehen gegen die beleuchtete Wasseroberfläche weniger auf. Diese Tarnung soll die Tiere

16

davor schützen, sowohl von den über als auch von den unter ihnen befindlichen Feinden entdeckt zu werden. Nehmen nun Fische eine andere Schwimmposition ein, wird diese Tarnung hinfällig. Daher haben die rückenschwimmenden *Synodontis*-Arten ihre Färbung an die außergewöhnliche Schwimmlage angepaßt. Beispielsweise hat *Synodontis nigriventris* (der Schwarzbäuchige) seinen Namen wegen seiner fast schwarz gefärbten Unterseite erhalten. Bei *Synodontis greshoffi*, der auch relativ häufig die umgedrehte Schwimmhaltung einnimmt, sind sowohl Ober- als auch Unterseite gleich gefärbt. Arten, die gelegentlich beim Rückenschwimmen zu beobachten sind, aber ihre Färbung noch nicht umgestellt haben, sind z. B. *S. brichardi*, *S. courteti*, *S. flavitaeniatus*, *S. multipunctatus*, *S. nigrita* und *S. notatus*.

Die dauerhafte Veränderung der Färbung z. B. bei den rückenschwimmenden Arten nennt man morphologischen Farbwechsel. Eine schnell wechselnde Anpassung der Körperfärbung an die Umgebung, die einer optimalen Tarnung dient und bei vielen Fischen auftritt, heißt physiologischer Farbwechsel. Auch dieses Phänomen kann man bei den Welsen beobachten. Je nach Farbe der Umgebung ist die Grundfärbung der Tiere heller oder dunkler. Während der Nacht sind besonders die Welse mit einer dunklen Grundfarbe heller gefärbt als am Tage.

Fortpflanzung

Zur Fortpflanzung der Fiederbartwelse ist leider bisher nur sehr wenig bekannt. Die Tiere werden im Alter von zwei bis drei Jahren geschlechtsreif. Die Laichsaison beginnt am Ende der Trockenperiode im Dezember, wenn die ersten Überflutungen das Wasser unruhiger werden lassen und abkühlen. Die etwa 1 mm großen, gelblichen Eier werden an einem dunklen Ort abgelegt. Brutpflege konnte noch nicht beobachtet werden. Nachzuchten von *Synodontis*-Arten in der Gefangenschaft sind bisher nur wenige Male gelungen. Alle im Handel erhältlichen Tiere sind Wildfänge.

Die Geschlechter der Fiederbartwelse lassen sich recht gut unterscheiden. Die Tiere besitzen zwar keine sekundären Geschlechtsmerkmale wie unterschiedliche Färbung oder verschieden große Flossen. Aber anhand der Genitalpapille läßt sich das Geschlecht eindeutig bestimmen. Außerdem haben die Weibchen häufig einen kugeligeren Bauch als die Männchen.

Haltung von Fiederbartwelsen

Fiederbartwelse sind ruhige, dämmerungs- bis nachtaktive Fische. In hell erleuchteten Becken verstecken sie sich tagsüber, und erst, wenn die Aquarienbeleuchtung ausgegangen ist, kommen sie hervor und werden munter. Wenn durch eine dicke Schwimmpflanzendecke zumindest in einem Teil des Beckens etwas gedämpfteres Licht herrscht, werden sich die Welse in diesem Pflanzenpolster aufhalten und gelegentlich sogar tagsüber aktiv sein. Auf alle Fälle benötigen Fiederbartwelse genügend Versteckmöglichkeiten, damit sie von den anderen Beckenbewohnern nicht gestört werden.

Will man optimale Bedingungen für die Fiederbartwelse schaffen und sie auch tagsüber in Ruhe beobachten, sollte man sie nicht mit tagaktiven und vielleicht sogar aggressiven anderen Fischen vergesellschaften. Zur ungestörten Beobachtung dieser Tiere ist ein reines »*Synodontis*-Becken« die ideale Lösung.

Fiederbartwelse sind nichts für ungeduldige Beobachter, die nur leuchtend bunte Farben im Aquarium lieben. Obwohl die Färbung der Tiere ausschließlich in den Bereichen weiß, gelb, grau, braun, schwarz und violett liegt, sind die meisten durch ihre attraktive Musterung nicht minder hübsch anzusehen als die prächtig gefärbten Zierfische. Weiterhin stellen sie durch ihre ungewöhnlichen, immer wieder veränderbaren Körperhaltungen einen Blickfang im Aquarium dar. Wer sich längere Zeit mit diesen Tieren beschäftigt, wird von ihren Verhaltensweisen fasziniert sein.

Beckeneinrichtung

Beabsichtigt man, größere Arten wie *Synodontis angelicus* oder *Synodontis decorus* zu pflegen, sollte das Becken mindestens ein Fassungsvermögen von 200 Litern haben. Kleine Arten wie *Synodontis nigriventris* oder *Synodontis petricola* können auch in Becken mit 60 bis 100 Liter Inhalt gehalten werden. Die meisten im Handel erhältlichen Fiederbartwelse sind noch junge und daher recht kleine Exemplare. Innerhalb von zwei bis drei Jahren wachsen sie aber zu ihrer endgültigen Größe heran. Dies sollte man bei der Anschaffung von Fiederbartwelsen immer berücksichtigen. Allerdings erreichen die Tiere in Gefangenschaft in der Regel nicht die maximale Größe; besonders die großen Arten bleiben wesentlich kleiner als angegeben.

Alle Welse sind sehr erschütterungsempfindlich. Fällt in irgendeinem Zimmer der Wohnung eine Tür zu, nehmen die Tiere diese Erschütterung wahr und reagieren mit Flucht in ihre Versteckplätze. Um diese Störungen zu mindern, sollte man das Aquarium auf einer dämpfenden Unterlage wie Styropor, dikken Filz oder ähnlichem aufstellen. Hierbei ist selbstverständlich darauf zu achten, daß die Unterlage vollkommen gerade ist, damit keine Spannungen im Aquarium auftreten, die zu Glasbruch führen können.

Die Einrichtung des Aquariums sollte reich strukturiert sein. Als Versteckmöglichkeiten eignen sich Schieferplatten, Wurzeln, löchriges Gestein, umgedrehte Blumentöpfe, in die man eine Eingangsöffnung geschlagen hat oder Tonröhren. Haben Fiederbartwelse nicht die Möglichkeit solche Schlupfplätze aufzusuchen, drängen sie sich in einer Ecke im Becken zusammen und verkümmern auf Dauer. Es sollten so viel Verstecke vorhanden sein, daß alle Welse ihr eigenes Revier besetzen können. Dieser Unterschlupf wird dann meistens für sehr lange Zeit behalten. Man hat sogar festgestellt, daß einzelne Individuen ihre eigenen Versteckplätze wiederfinden und erneut besetzen, wenn sie an einer anderen Stelle aufgestellt wurden.

Als Bodengrund wählt man feinen bis mittelfeinen Kies, da sich einige *Synodontis*-Arten gerne Mulden in den Boden graben. Scharfkantige Steine wie Lavagestein sind nicht geeignet, da sie eine Verletzungsgefahr für die feinen Barteln darstellen.

Bepflanzung

Die Art der Bepflanzung hängt davon ab, wie viele Fiederbartwelse man in seinem Aquarium hält. Besitzt man viele oder ausschließlich *Synodontis*-Arten, sollte man auf eine Bepflanzung verzichten, da diese dem riesigen Appetit der Tiere zum Opfer fällt. Auf alle Fälle sind nur hartblättrige Pflanzen wie *Cryptocoryne*- und *Echinodorus*-Arten, sowie Javafarn zu empfehlen. Ein dichtes Büschel von Javamoos eignet sich auch, da sich besonders kleinere *Synodontis*-Arten gerne darin aufhalten.

Wasserbeschaffenheit und Beleuchtung

Fiederbartwelse sind bezüglich der Wasserbeschaffenheit sehr anpassungsfähig. Trotzdem sollte man ihnen möglichst naturnahe Lebensbedingungen bieten. Welse, die aus Flüssen stammen, lieben weiches Wasser. Der Härtegrad sollte zwischen 0 und 8 °GH liegen. Der optimale Temperaturbereich liegt bei 24 bis 26 °C, wobei höhere Temperaturen bis 31 °C gut vertragen werden. Der günstigste pH-Bereich liegt für diese Arten zwischen pH 5,9 und pH 6,8. Das pH-Optimum für Arten aus dem Tanganjikasee liegt dagegen bei pH 9. Die Wasserhärte beträgt hier 10 °GH.

Wird das Becken künstlich beleuchtet, sollte ein Teil der Wasseroberfläche durch Schwimmpflanzen, schwimmende Korkplatten oder ähnliches abgedeckt sein, damit die Welse das auch tagsüber herrschende Dämmerlicht wie in ihrem natürlichen Lebensraum vorfinden.

Futter

Fiederbartwelse sind sehr gute Esser. Welche Mengen an Futter (und auch Wasserpflanzen) in ihren riesigen Mäulern verschwinden, ist schon erstaunlich. Sie nehmen jede Art von Trockenfutter wie gefriergetrocknete Mückenlarven, Daphnien, Tubifex und Gammarus, aber auch Flockenfertigfutter. Besonders gerne fressen sie lebende oder gefrorene rote Mückenlarven. Allerding sollte man sie nicht ausschließlich damit ernähren, da ein gewisser Anteil an Krebstieren und pflanzlicher Nahrung in ihrem Speiseplan für ein gutes Gedeihen wichtig ist. Lebende Wasserflöhe sollte man nicht füttern, da die Welse die im Wasser herumschwimmende Beute schlecht lokalisieren können. Die kleinen Krebstiere sind ja nahezu farblos und senden anscheinend nicht genug olfaktorische Reize aus, so daß die Welse sie weder optisch noch durch ihren Riechsinn lokalisieren können. Außerdem ist es auch ungewöhnlich für Fiederbartwelse, im freien Wasser zu fressen, da sie normalerweise vom Boden oder von der Wasseroberfläche die Nahrungsteilchen aufnehmen.

Nachzucht in Gefangenschaft

Es ist äußerst schwierig, Fiederbartwelse in der Gefangenschaft nachzuzüchten. Nur gelegentlich gelingt es.

Wer es trotzdem versuchen möchte, sollte die äußeren Bedingungen, unter denen sich die Tiere in ihrem natürlichen Lebensraum fortpflanzen, möglichst genau simulieren.

Zunächst muß sichergestellt sein, daß die Welse ungestört sind. Dazu richtet man am besten ein eigenes Becken ein, welches nur mit ein oder mehreren Paaren einer Art besetzt ist.

Die Inneneinrichtung soll so beschaffen sein, wie oben beschrieben. Besonders wichtig ist eine dichte Schwimmpflanzendecke, um gedämpftes Licht im Becken zu schaffen. Eine künstliche Beleuchtung ist nicht notwendig.

Da die Tiere zu Beginn der Regenzeit in ihrem natürlichen Biotop ablaichen, muß man zunächst eine Trockenperiode simulieren, um die Tiere in Laichstimmung zu bringen. Hierzu erhöht man die Wassertemperatur auf 28 bis 30 °C für etwa zwei bis drei Monate und läßt während dieser Zeit etwa ein Drittel bis die Hälfte der Wassermenge verdunsten. Gefüttert wird nur sehr wenig. Am Ende der »Trockenzeit«, ergänzt man das fehlende Wasser mit kühlerem, frischen Wasser innerhalb von zwei bis drei Tagen und senkt dabei die Wassertemperatur um 3 bis 6 °C. Gleichzeitig füttert man kräftig mit lebenden Mückenlarven.

Der Laichakt wurde bisher noch nicht beobachtet, da er bei Nacht oder in einem Versteckplatz stattfindet. Die bis zu mehreren hundert Eier werden in der dunkelsten Ecke des Beckens abgelegt. Die Alttiere sollten nach erfolgtem Ablaichen aus dem Becken entfernt werden, da nicht auszuschließen ist, daß sie ihre eigene Brut fressen.

Nach sieben Tagen schlüpfen die Jungtiere, die sich noch weitere vier Tage von dem großen Dottersack ernähren. Sie wachsen recht langsam. Erst nach vier bis fünf Wochen bilden sich die einzelnen Flossen aus, und die Pigmentierung beginnt.

Eine Art, bei der das Fortpflanzungsverhalten recht gut bekannt ist, ist *Synodontis multipunctatus*. Dieser Wels zeigt eine Art Kuckucksverhalten, wenn er mit bestimmten Cichliden-Arten vergesellschaftet ist. Näheres wird bei der Vorstellung von *Synodontis multipunctatus* beschrieben.

Krankheiten

Fiederbartwelse sind, wie alle Welse sehr widerstandsfähig. Sie halten die zum Teil recht langen Transporte aus ihrer Heimat besser aus als die meisten anderen Zierfischarten.

Sie können sehr alt werden. Man hat schon einige *Synodontis*-Arten 20 Jahre lang im Aquarium gehalten. Auch gegen Krankheiten sind die Tiere recht resistent.

Hautabschürfungen oder kleinere Verletzungen, die sich Fiederbartwelse bei Revierkämpfen gelegentlich zuziehen, verheilen normalerweise recht schnell. Solche Verletzungen können allerdings auch eine Folge von zu hoher Besatzdichte im Becken sein. In diesem Fall muß Abhilfe geschaffen werden.

Verletzungen der Barteln, z. B. durch scharfkantige Steine, können zu Infektionen führen, die dann durch entsprechende Medikamente behandelt werden müssen.

Bei anderen Zierfischen häufig anzutreffende Infektionskrankheiten wie Ichthyophthirius oder Pilzbefall treten bei Fiederbartwelsen nur selten auf. Sie werden mit den üblichen Mitteln behandelt.

Gelegentlich beobachtet man Linsentrübungen, die auf eine bakterielle Infektion bedingt durch ungünstige Wasserbeschaffenheit zurückzuge Wasserbeschaffenheit zurückzuführen sind. Ein teilweiser Wasserwechsel reicht meistens schon aus, und die Linsentrübung verschwindet von selbst. In hartnäckigen Fällen behandelt man mit einem bakteriziden Mittel.

Relativ empfindlich reagieren besonders große Exemplare auf schlechte Wasserqualität. Ein zu hoher Ammonium- oder Nitritgehalt des Wassers oder ein falscher pH-Wert führen dazu, daß die Tiere an der Wasseroberfläche, anscheinend nach Luft schnappend, hängen oder unbeweglich im Wasser in einer vertikalen Körperhaltung stehen. Auch ein Sich-Kratzen an Gegenständen kann ein Anzeichen für schlechtes Wasser sein. Dann ist es höchste Zeit für einen Wasserwechsel. Um diese Situationen, die im Extremfall zu großen Verlusten führen können, zu vermeiden, sollte man regelmäßig pH-Wert und Nitritgehalt des Wassers kontrollieren und einen Teil des Wassers austauschen.

Sollte bei mehreren Tieren eine ungewöhnliche Schwellung des Bauches auftreten, kann dieses auf falsche Ernährung zurückzuführen sein. In diesem Fall füttert man zunächst einige Tage nicht und stellt dann die Nahrung um.

Fiederbartwelse im Handel

Fiederbartwelse werden bei uns im Fachhandel zwar regelmäßig, aber selten in großer Stückzahl angeboten. Das kommt daher, daß alle *Synodontis*-Arten Wildfänge sind und es kaum Lieferanten gibt, die sich auf diese Fischgruppe spezialisiert haben. Meistens gelangen Fiederbartwelse aus den großen Seen zusammen mit Cichliden zu uns oder sie sind bei einer Lieferung »gemischte Welse« dabei. Großhändler haben normalerweise immer verschiedene *Synodontis*-Arten auf ihren Angebotslisten. Allerdings scheuen besonders kleinere Zoogeschäfte davor zurück, Fiederbartwelse in ihr Programm aufzunehmen, da sie befürchten, diese Welse nicht verkaufen zu können. Fragt man aber nach, besorgt der Händler gerne diese etwas außergewöhnlichen Tiere.

Beabsichtigt man, sich Fiederbartwelse zuzulegen, sollte man zunächst allen Zoohändlern in der Umgebung einen Besuch abstatten und besonders die größeren Becken mit zahlreichen Versteckmöglichkeiten genau inspizieren. Meistens befindet sich irgendwo doch das eine oder andere Exemplar. Allerdings sollte man sich nicht immer auf die dort angegebenen Namen verlassen, da viele Arten unter der falschen Bezeichnung verkauft werden. Daher ist es nicht ausgeschlossen, auch gelegentlich ein für Aquarianer seltenes Tier zu erwerben.

Nach dem Washingtoner Artenschutzübereinkommen gehören *Synodontis*-Arten nicht zu den besonders geschützten Tieren, für die ein Ausfuhrverbot verhängt ist. Vielleicht gerade, weil diese Tiere in ihrem natürlichen Biotop nicht gezielt gefangen werden, sind sie in ihren Beständen nicht bedroht.

Die Gattung Synodontis und ihre Vertreter

Im folgenden werden 25 Vertreter der Gattung *Synodontis* vorgestellt und näher beschrieben. Hierzu gehören sowohl *Synodontis*-Arten, die in Flüssen leben, als auch *Synodontis*-Arten, die in den großen Seen Afrikas endemisch vorkommen.

Im Zaire und seinen Nebenflüssen findet man die größte Artenvielfalt von Fiederbartwelsen. Im Tanganjikasee leben die meisten der an stehende Gewässer angepaßten *Synodontis*-Arten.

Synodontis acanthomias
BOULENGER, 1899

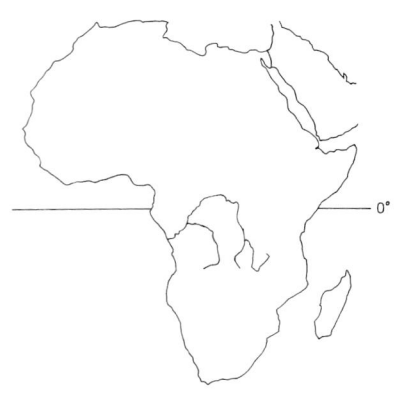

Gefleckter Riesenfiederbartwels

Verbreitung:
Zaire-Becken

Größe:
Maximale Länge 59 cm,
durchschnittliche Länge 43 cm

S. acanthomias (s. Abb. Seite 25 o.) ist eine der größten *Synodontis*-Arten, die aber selbst bei der Haltung in sehr geräumigen Aquarien nie ihre potentielle Größe erreichen.

S. acanthomias hat einen flachen, langgestreckten Körper. Typisch ist die sehr große Fettflosse, die von der Rückenflosse bis zum Schwanzansatz reicht.

Die Oberseite des Riesenfiederbartwelses ist dunkelbraun gefärbt mit einem grünlichen, gelbgrauen oder blaugrauen Schimmer. Bis auf die weißlichgelbe Bauchseite ist der

Gefleckter Riesenfiederbartwels (Synodontis acanthomias)

Alberts Fiederbartwels (Synodontis alberti)

24

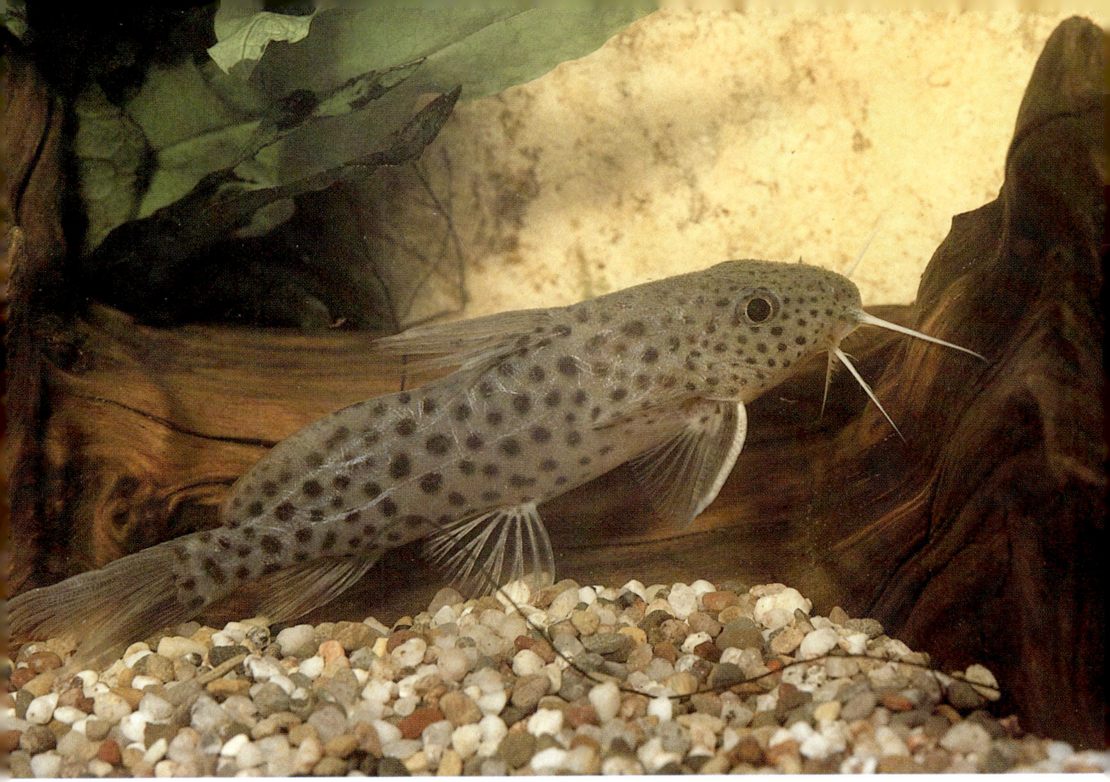

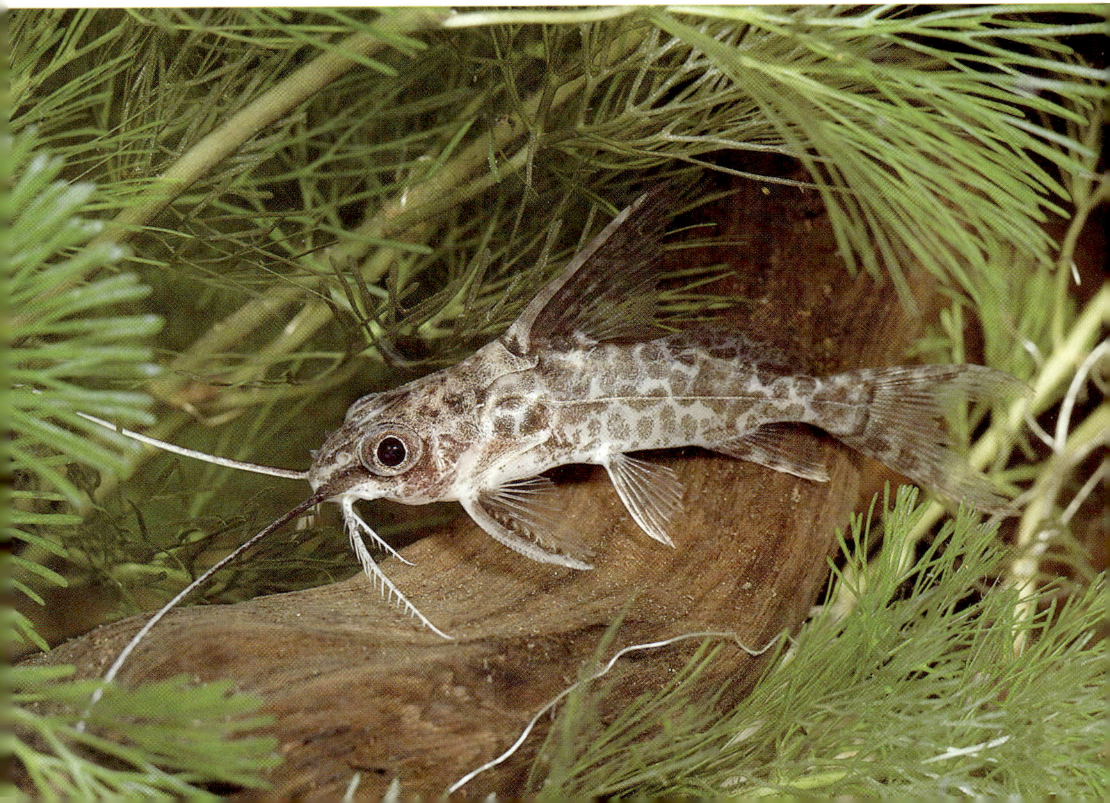

ganze Körper mit kleinen schwarzen Flecken besetzt. Auch auf den Flossen findet sich diese Zeichnung, wobei die Flecken etwas kleiner sind. Bei Jungtieren ist diese Musterung deutlich zu erkennen. Die unregelmäßig geformten Flecken setzen sich kontrastreich vom Untergrund ab. Mit zunehmender Größe wird die Zeichnung immer verwaschener, sie bleicht regelrecht aus.

Die Barteln und die Brustflossenstrahlen sind so hell gefärbt wie der Bauch. An der Basis der Maxillarbarteln am Oberkiefer befindet sich keine Membran.

Eine Besonderheit zeigt der Fortsatz des knöchernen Kopfschildes. Bis zu einer Körpergröße von 13 cm ist dieser Fortsatz dornenförmig ausgezogen. Bei größeren Tieren endet der Kopfschild nicht nur in einem, sondern in mehreren Dornen, d. h.,

mit zunehmendem Alter erhöht sich die Zahl der dornenförmigen Fortsätze am Kopfschild. Diese Eigenschaft ist ein charakteristisches Bestimmungsmerkmal von S. acanthomias. Wegen der stattlichen Größe gelangen verständlicherweise nur Jungtiere in den Handel. Wer diese Art pflegen möchte, sollte auf alle Fälle über ein sehr großes Aquarium mit vielen Versteckplätzen verfügen. S. acanthomias lebt sehr territorial. Wenn er nicht ein ausreichend großes Revier besetzen kann, verhält er sich – besonders zu anderen Synodontis-Arten und Artgenossen – sehr aggressiv.

Bezüglich der Wasserqualität ist der Riesenfiederbartwels recht anspruchslos. Sein großer Appetit sollte sowohl mit pflanzlicher als auch tierischer Nahrung gestillt werden.

Synodontis alberti
SCHILTHUIS, 1891

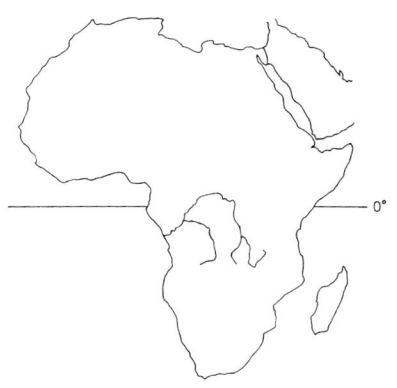

Alberts Fiederbartwels,
Kongo-Langbartwels

Verbreitung:
Zaire-Becken

Größe:
Maximale Länge 20 cm,
durchschnittliche Länge 15 cm

S. alberti (s. Abb. Seite 25 u.) ist im gesamten Zaire-Gebiet verbreitet und recht häufig. Aufgrund seiner typischen hohen Körperform und seinen langen Barteln läßt er sich eindeutig identifizieren.

S. alberti besitzt eine gelblich-braune Grundfarbe. Auf dem Körper befinden sich große, runde, fast schwarze Flecken, die gelegentlich miteinander verschmelzen. Am Kopf und auf der Fettflosse sind die Flecken kleiner. Der Bauch ist hell.

Bei Jungtieren sind die Flecken unregelmäßiger angeordnet. Die Grundfarbe kann silbrig-weiß bis leicht violett sein. Je größer die Tiere werden, desto verwaschener wird das Fleckenmuster bis es sogar völlig verschwinden kann.

Die knöchernen Strahlen der sehr großen Flossen sind mit kleinen, punktförmigen Flecken übersät. Die Schwanzflosse ist tief gegabelt. Die hohe Rückenflosse kann bei sehr großen Exemplaren ein Filament ausbilden.

Ein ganz besonderes Merkmal von S. alberti sind die langen Barteln. Innerhalb der Gattung Synodontis besitzt diese Art die längsten Maxillarbarteln (am Oberkiefer). Sie können bis an das Schwanzende reichen. Aber auch die am Unterkiefer inserierten Mandibularbarteln sind relativ lang. An der Basis der Barteln befindet sich keine Membran.

Weiterhin auffällig sind die sehr großen Augen. Sie nehmen etwa ein Drittel des gesamten Kopfes ein.

Das Maul ist recht klein. Mit den beweglichen Unterkieferzähnen raspelt dieser Wels gerne Algenteppiche ab.

Als friedliche Art ist *S. alberti* für jedes Gemeinschaftsbecken geeignet. Es kann nur sein, daß sich andere Beckeninsassen durch die ständig ruhelos umhertastenden, sehr langen Barteln gestört fühlen.

Da dieser Fiederbartwels ohnehin durch das Abweiden von Algen reichlich pflanzliche Nahrung aufnimmt, sollte er zusätzlich vorwiegend mit tierischem Futter versorgt werden.

Synodontis angelicus
SCHILTHUIS, 1891

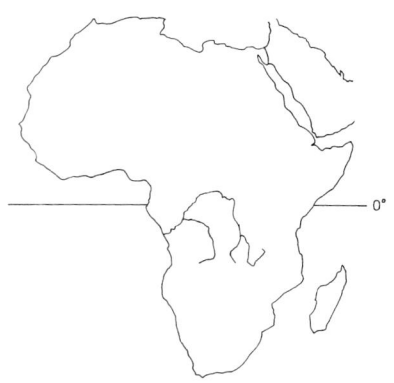

Perlhuhnwels

Verbreitung:
Zaire-Becken

Größe:
Maximale Länge 25 cm,
durchschnittliche Länge 20 cm

Der Perlhuhnwels (s. Abb. Seite 29) ist wohl die Fiederbartwelsart, die bei fast allen Welskennern am bekanntesten ist. Wegen seiner schönen Zeichnung und der stattlichen Größe ist er ein attraktiver Blickfang in jedem Gemeinschaftsbecken. Allerdings muß man für seine Anschaffung recht tief in die Tasche greifen. Er gehört zu den teuersten *Synodontis*-Arten.

Das Verbreitungsgebiet von *S. angelicus* ist zwar recht groß, aber er kommt nicht sehr häufig vor.

Die Grundfarbe dieser Welsart kann von schwarz-braun über grau bis dunkelviolett variieren, wobei die Bauchseite immer etwas heller gefärbt ist. Der Körper und die Fettflosse sind von zahlreichen runden Flecken, die in der Kopfregion etwas kleiner sind, übersät. Die Flecken

Perlhuhnwels (Synodontis angelicus)

28

sind meistens weißlich, gelegentlich aber auch rötlichgelb bis dunkelrot gefärbt und besitzen oft einen violetten Saum. Bis zu einer Größe von etwa 9 cm sind Perlhuhnwelse besonders kräftig gefärbt.

Nicht alle Tiere zeigen das typische Punktmuster. Es gibt auch Exemplare, deren Zeichnung eine Kombination aus hellen Flecken und schmalen, senkrecht verlaufenden, wellenförmigen Linien in demselben hellen Farbton ist. Fälschlicherweise wurden diese Tiere als eine Unterart mit dem Namen *S. angelicus zonatus* beschrieben. Weitere Untersuchungen ergaben aber, daß sich die Welse von geographisch getrennten Populationen durch unterschiedliche Musterung auszeichnen, d. h., zwei Perlhuhnwelse mit verschiedenen Zeichnungen müssen aus unterschiedlichen Regionen stammen.

Die hellen Flossen sind alle in der Farbe des Körpers quer gebändert. Die Schwanzflosse weist fünf bis acht Streifen auf. Bei Jungtieren sind die Bänder noch nicht vollständig ausgebildet, so daß die Flossen mit dunklen Flecken besetzt sind.

Auch die Barteln sind gefleckt. Die am Oberkiefer inserierten Maxillarbarteln sind etwas länger als der Kopf. Sie besitzen an ihrer Basis eine Membran.

Ein weiteres anatomisches Merkmal ist die Zähnung der Brustflossenstacheln, welche auf beiden Seiten des Knochenstrahls vorhanden ist.

S. angelicus ist nur für große Aquarien (mindestens 200 Liter Inhalt) geeignet. Gegenüber Artgenossen oder anderen großen *Synodontis*-Arten verteidigt er sein Revier. Mit anderen Fischen vergesellschaftet verhält er sich recht friedlich. Da aber auch in seinem natürlichen Lebensraum Jungfische auf seinem Speiseplan stehen, sollte man ihn nicht mit sehr kleinen Fischen oder mit Fischbrut zusammen halten.

Fischfutter in jeder Form sowohl pflanzlicher als auch tierischer Herkunft wird gerne genommen.

Zur Fortpflanzung ist bisher nur bekannt, daß ein Weibchen 3000 bis 4000 Eier ablegen kann. Das Balzverhalten besteht vermutlich aus einem wiederholten Aufeinanderzuschwimmen, wobei die Köpfe jedesmal gegeneinander gestoßen werden. Die etwas robuster gebauten Weibchen besitzen eine blassere Färbung als die schlankeren Männchen.

Synodontis brichardi
POLL, 1959

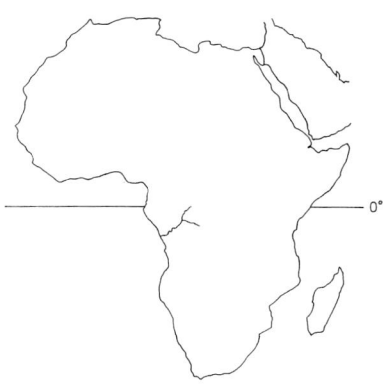

Brichards Fiederbartwels,
Gestreckter Fiederbartwels

Verbreitung:
Katarakte des unteren Zaire und
seinen Nebenflüssen

Größe:
Maximale Länge 15 cm,
durchschnittliche Länge 10 cm

S. brichardi (s. Abb. Seite 33 o.) unterscheidet sich durch seine charakteristische Körperform von allen anderen *Synodontis*-Arten. Der flache, langgestreckte, stromlinienförmige Körper mit der auffallend großen Schwanzflosse stellt eine Anpassung an seinen Lebensraum dar. Da *S. brichardi* in bis zu 30 km/h schnell fließenden Gewässern lebt, darf sein Körper nur möglichst wenig Wasserwiderstand bieten. Die große Schwanzflosse wird für den Antrieb benötigt.

Auf dem dunkelbraunen Körper befinden sich mehrere senkrecht verlaufende Streifen, die dieselbe weißliche Farbe wie der Bauch besitzen. Bei Jungtieren kann man zwei Hauptbänder unterscheiden, die jeweils am Anfang und am Ende der sehr kleinen Fettflosse vertikal ver-

laufen. Die anderen, schmaleren Streifen befinden sich vor und hinter diesen Hauptbändern. Mit zunehmendem Alter verengen sich die Bänder zu einfachen Linien, so daß der Fisch »geringelt« aussieht. Die Anzahl der Linien nimmt zu. Auf der Rückenflosse können bis zu drei, auf der Schwanzflosse bis zu sechs solcher Streifen entstehen. Die Afterflosse und die paarigen Flossen tragen je einen Fleck.

Die kurzen Barteln umrahmen ein riesenhaft erscheinendes Maul mit wulstigen Lippen, mit dem der Wels gerne den Algenrasen abweidet. Die Maxillarbarteln am Oberkiefer tragen an ihrer Basis eine Membran.

Bei in Gefangenschaft gehaltenen Exemplaren von *S. brichardi* sind die vertikalen Streifen meistens weiß. Die frei lebenden Tiere dagegen weisen eine grünliche Färbung der hellen Körperstreifen auf. Die Grünfärbung ist ernährungsbedingt. Durch einen hohen Anteil an frischer Pflanzenkost nehmen die Tiere so viel Chlorophyll auf, daß eine Grünfärbung der Haut erfolgt. Durch füttern von frischem Spinat läßt sich diese Färbung auch bei Aquarienbewohnern hervorrufen.

S. brichardi ist sehr friedlich und läßt sich problemlos mit anderen Fischen vergesellschaften. Da sein Lebensraum schnellfließende, unruhige Gewässer sind, ist sein Sauerstoffbedarf hoch. Das Aquarium sollte also recht gut belüftet sein.

Wie viele andere *Synodontis*-Arten ist dieser Wels auch gelegentlich beim Schwimmen in Rückenlage zu beobachten.

Zur Fortpflanzung ist bisher nur ein Bericht bekannt, der das Balzverhalten dieser Tiere beschreibt:

Fünf Tiere lebten in einem 200-Liter-Becken bei Temperaturen von 24 bis 27 °C. Die Umwälzung des Wassers erfolgte mit Hilfe zweier Pumpen.

Nachdem längere Zeit kein Wasserwechsel vorgenommen worden war, wurde etwa die Hälfte des Wassers auf einmal ausgetauscht. Kurz darauf wurde die Färbung der Tiere – besonders bei den Männchen – intensiver und sie zeigten eine erhöhte Aktivität. Wie bei allen Fiederbartwelsen lassen sich die Geschlechter nur anhand der Genitalpapillen unterscheiden. Die Männchen spreizten ihre Flossen ab und schwammen immer um die Weibchen herum. Dabei bissen sie sie vorsichtig in die Flanken. Nach etwa 10 Minuten stellten sich die Männchen quer vor die Weibchen, um sich anschließend U-förmig um den Kopf der Auserwählten zu legen. Dabei blieben sie abwechselnd ganz starr oder zitterten heftig. Die Position hielten sie jeweils für 10 Sekunden ein, schwammen weg und nahmen erneut diese U-Haltung ein. Diese Körperhaltung ist bei vielen Fischen der sogenannte Amplexus, die Position, in der Eier und Spermien abgegeben werden. In dem geschilderten Fall waren die Weibchen offensichtlich nicht zum Ablaichen bereit, da sie immer wieder versuchten, den Männchen zu entkommen und sich ihnen zur Wehr setzten. Nach ungefähr einer Stunde stellten die Männchen ihre Bemühungen ein und die Tiere verhielten sich wieder normal wie vorher. Ein Ablaichen hatte nicht stattgefunden.

Brichards Fiederbartwels (Synodontis brichardi)

Domino-Fiederbartwels (Synodontis congicus)

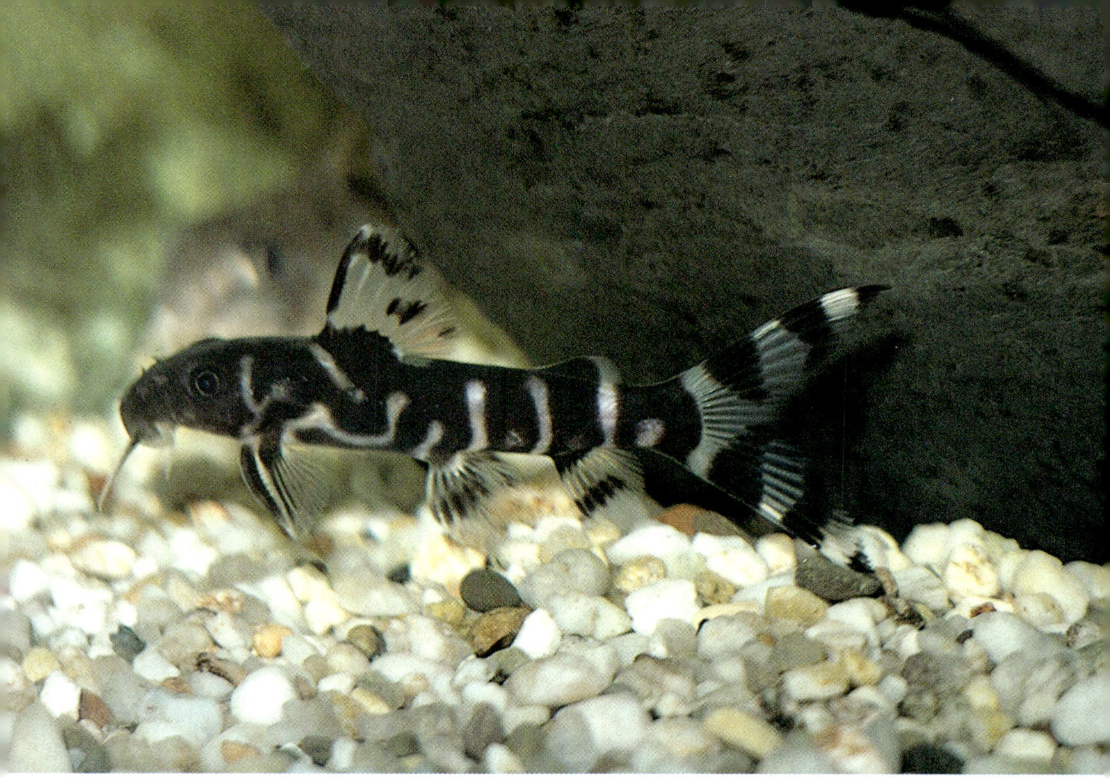

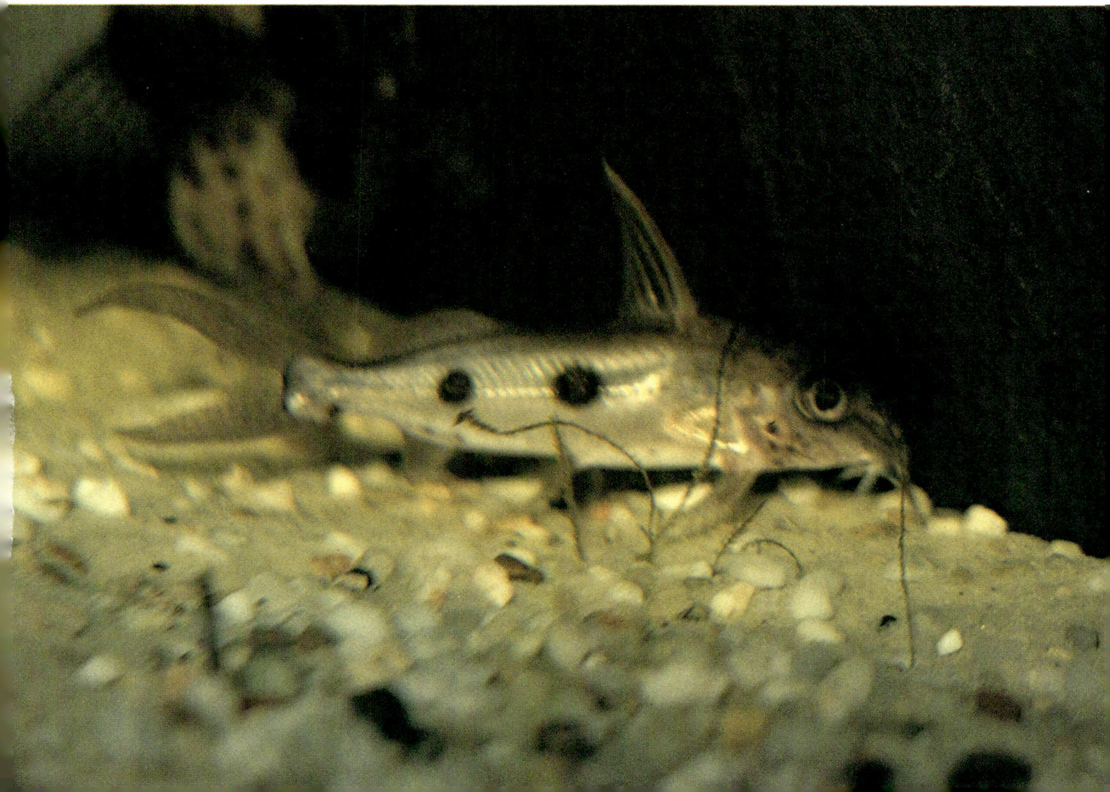

Synodontis congicus
POLL, 1933

Domino-Fiederbartwels

Verbreitung:
Zaire-Becken

Größe:
Maximale Länge 20 cm,
durchschnittliche Länge 15 cm

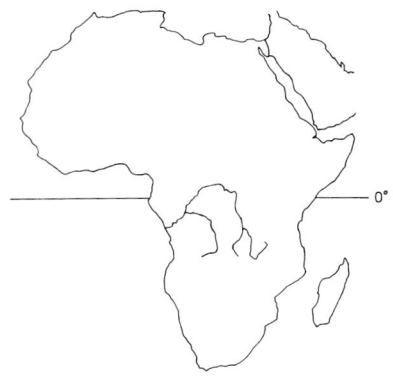

Wie schon der deutsche Name vermuten läßt, zeichnet sich *S. congicus* (s. Abb. Seite 33 u.) durch ein Punktmuster ähnlich dem eines Dominosteines aus.

Die Grundfarbe von *S. congicus* ist ein helles Graubraun mit einem silbrigen Schimmer. Die Flanken erscheinen heller.

Der Bauch ist ebenso wie die Barteln weißlich gefärbt.

Auf den Seiten befinden sich zwei, manchmal auch nur ein oder drei schwarze, kreisrunde Flecken. Eventuell findet sich auch noch auf der Wurzel der Schwanzflosse ein zusätzlicher schwarzer Punkt. Die Flecken sind alle auf einer Linie hintereinander angeordnet. In ganz seltenen Fällen können sogar noch mehr Flecken auf den Seiten vorhanden sein.

Der Kopfschild ist mit zahlreichen schwarzen Punkten besetzt. Die Flossen besitzen alle keinerlei Zeichnung. Nur bei Jungtieren ist die Schwanzflosse mit sehr kleinen, grauen, undeutlichen Punkten übersät.

Die am Oberkiefer inserierten Maxillarbarteln besitzen eine breite Membran, die bis zur halben Länge der Barteln reicht.

S. congicus wird häufig mit *S. nummifer* und mit *S. notatus* verwechselt. Auch in der Literatur sind diese drei Arten schon häufig mit falschem Namen bezeichnet worden.

S. nummifer unterscheidet sich durch die an der Außenseite gezähnten Maxillarbarteln. Außerdem ist die Membran wesentlich schmaler und kürzer als bei *S. congicus*.

Von *S. notatus* unterscheidet sich *S.*

congicus durch die größere Fettflosse und die größeren und ovaleren Augen. Die Maxillarbarteln von *S. notatus* sind länger. Ebenso besitzt der Einpunkt-Fiederbartwels nicht das deutliche Punktmuster auf dem Kopfschild.

Der Domino-Fiederbartwels ist ein äußerst ruhiger und zurückgezo-gen lebender Fisch. Er frißt fast nur vom Bodengrund, wobei Futter jeglicher Art gerne genommen wird. Man sieht ihn selten in höheren Wasserschichten umherschwimmen. Er sollte nicht mit aggressiven Fischen vergesellschaftet werden, da er sich dann nur aus seinem Versteck traut, wenn es unbedingt sein muß.

Synodontis contractus
VINCINGUERRA, 1928

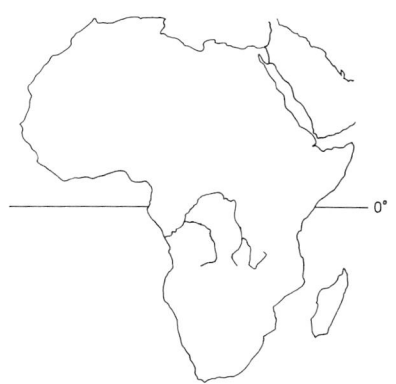

Davids Kongowels, Falscher Rückenschwimmer

Verbreitung:
Zentrales Zaire-Becken

Größe:
Maximale Länge 10 cm,
durchschnittliche Länge 8 cm

Diese Fiederbartwelsart kann man auf den ersten Blick mit dem Rückenschwimmenden Kongowels *S. nigriventris* verwechseln. Beide Arten sind etwa gleich groß. *S. contractus* (s. Abb. Seite 37 o.) ist etwas stämmiger gebaut als *S. nigriventris* und besitzt einen größeren Kopf und größere Augen. *S. contractus* schwimmt auch häufig in Rückenlage und hat dadurch die inverse Körperfärbung erlangt: der schwarzbraun gefärbte Bauch ist dunkler als die Oberseite.

Die Rückenpartie ist braun, gelbbraun oder sogar braun-violett gefärbt. Sie ist mit großen, dunklen, unregelmäßig geformten Flecken besetzt. Die Bauchseite trägt ein ähnliches Muster mit kleineren Flecken.

Auf den Flanken sieht man drei senkrecht verlaufende, breite, dunklere Streifen. Die Dunkelfärbung kommt daher, daß diese Zonen mit zahlreichen kleinen, rundlichen, schwarzen Flecken übersät sind. Je ein Streifen befindet sich unterhalb

35

der Rückenflosse, unterhalb der Fettflosse und an der Basis der Schwanzflosse. Der Kontrast zwischen den
dunklen Bändern und der helleren
Grundfarbe wird besonders stark,
wenn die Tiere aufgeregt sind.

Auf den Flanken befinden sich außerdem mehrere horizontale Reihen
winziger silbrig-weißer Punkte.

Der Kopfschild hebt sich durch die
hellere Farbe deutlich von dem restlichen Körper ab. Die Zeichnung ist
ähnlich der des Körpers.

Die Flossen sind alle mit kleinen
dunklen Flecken übersät. Die knöchernen Flossenstrahlen von Brust-
und Rückenflosse und die Ränder
der Schwanzflosse sind mit dunklen,
breiten Streifen versehen.

Die relativ kurzen Barteln sind
ebenso hell-dunkel-geringelt. An der
Basis der am Oberkiefer inserierten
Maxillarbarteln befindet sich eine
deutlich sichtbare Membran.

S. contractus ist im gesamten Zaire-
Gebiet weit verbreitet und lebt sowohl in den großen als auch in den
kleinen Flußläufen. Wie *S. nigriventris* bewohnt er die dichtbewachse-
nen Uferzonen und liebt weichen
Untergrund.

Da er in seinem natürlichen Lebensraum in großen Schulen zu finden ist, sollte man ihn auch immer in
Gruppen im Aquarium halten. Der
friedliche Fisch ist für jedes Gemeinschaftsbecken geeignet.

Die Nahrung sollte tierischer und
pflanzlicher Herkunft sein, da er sich
normalerweise sowohl von Insektenlarven als auch von Algen ernährt.

Obwohl über seine Fortpflanzung
nicht viel bekannt ist, wird er sich
vermutlich unter ähnlichen Umständen in der Gefangenschaft vermehren, wie *S. nigriventris*, da sich die
beiden Arten recht ähnlich sind und
aus demselben Biotop stammen.

*Falscher Rückenschwimmer (Synodontis
contractus)*

Tüpfelfiederbartwels (Synodontis courteti)

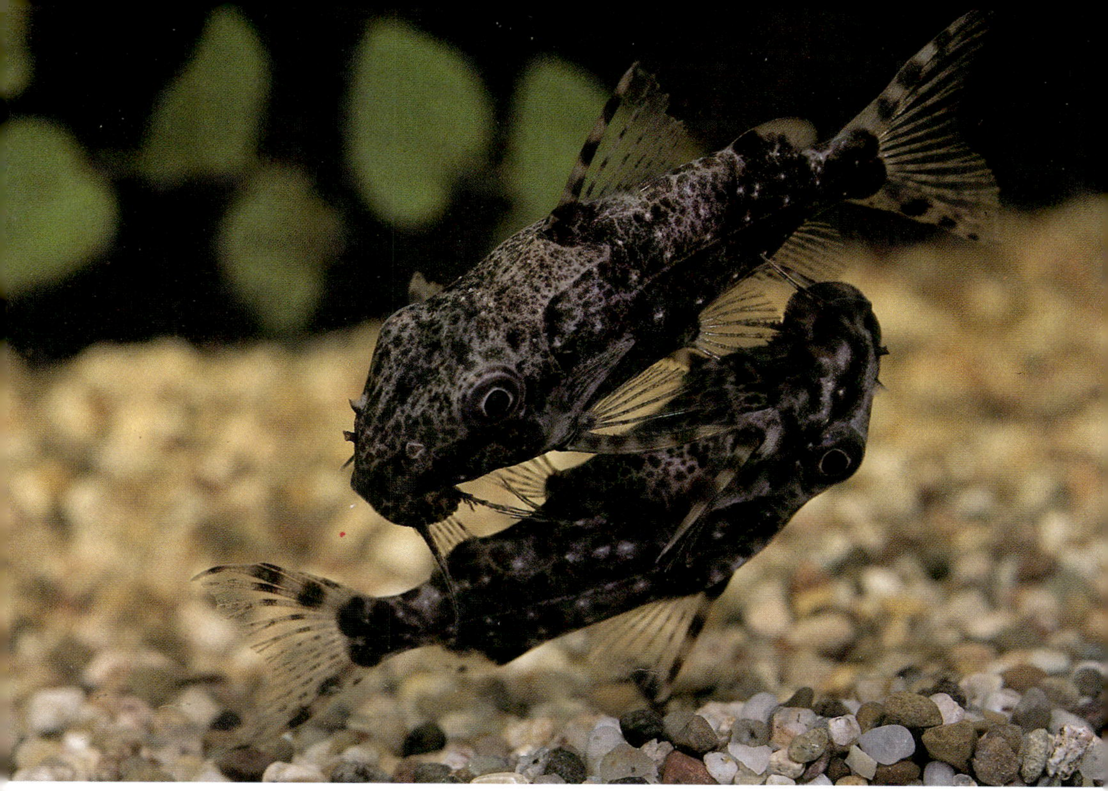

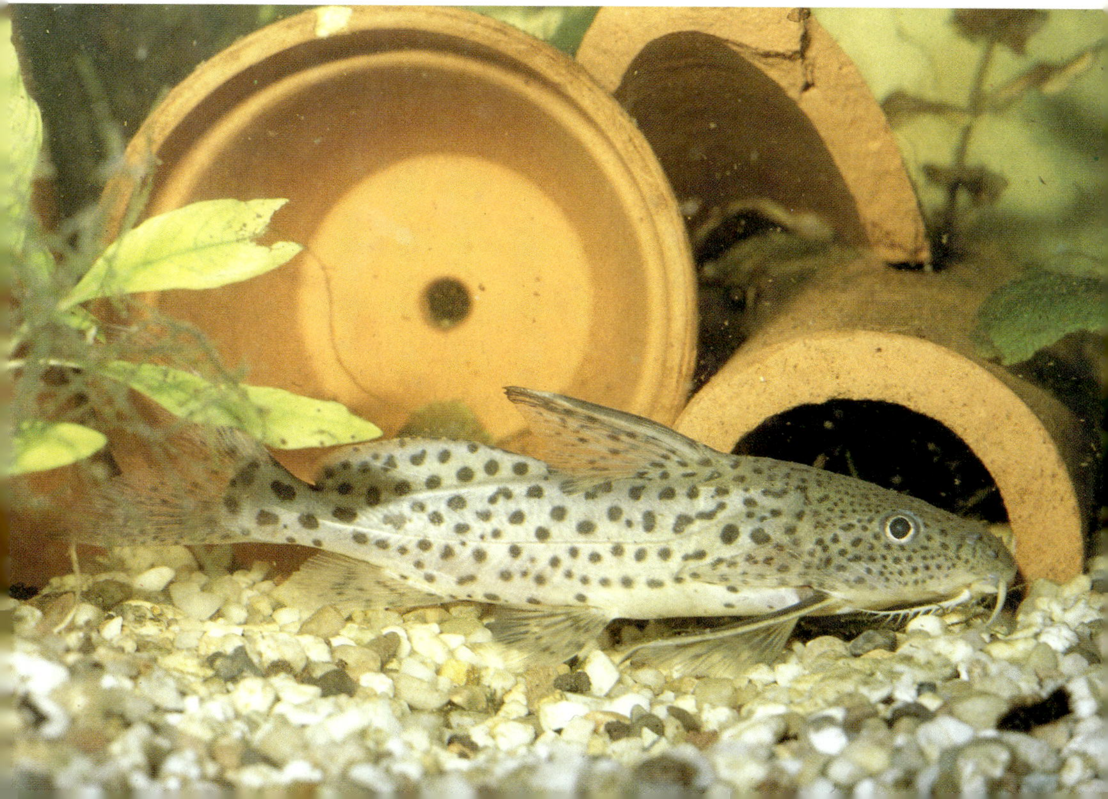

Synodontis courteti
PELLEGRIN, 1906

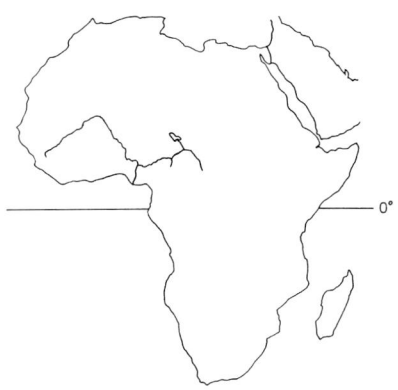

Tüpfelfiederbartwels

Verbreitung:
Tschad- und Niger-Becken

Größe:
Maximale Länge 34 cm,
durchschnittliche Länge 26 cm

Der hellgrau gefärbte Körper von S. courteti (s. Abb. Seite 37 u.) ist mit zahlreichen schwarzen Punkten übersät. Die sehr große Fettflosse trägt dieselbe Zeichnung wie der Körper. Die Flecken auf den anderen Flossen und auf dem Kopfschild sind kleiner und entsprechend enger angeordnet.

Der Bauch ist bis auf eventuell vorhandene einzelne Punkte weißlich gefärbt. Ebenso sind die drei Bartelpaare, von denen nur die Mandibularbarteln (am Unterkiefer) verzweigt sind, weiß. An der Basis der Maxillarbarteln befindet sich keine Membran. Anhand dieses Merkmals kann man S. courteti von der ähnlich aussehenden Art S. njassae, die später beschrieben wird, unterscheiden.

Fälschlicherweise wurde S. courteti schon einmal in einer Veröffentlichung mit der wesentlich größeren Art S. acanthomias verwechselt.

Besonders charakteristisch für den Tüpfelfiederbartwels ist der große Kopf mit dem überhängenden Maul, die großen gewölbten Lippen, die kleinen Augen und der relativ kleine Fortsatz des Kopfschildes.

S. courteti erinnert mit seinem langen, abgeflachten Körper etwas an die äußere Erscheinung eines Haies. Diese bei Fiederbartwelsen eigentlich selten vorkommende Körperform entspricht der Vorliebe der Tiere, sich gerne in möglichst niedrigen Höhlen aufzuhalten. Sie graben sich im Aquarium ihre Versteckplätze unter Tonscherben oder anderen Gegenständen in den Kies oder Sand, bis sie auf die Bodenplatte des Beckens stoßen. Diese »Höhle« wird dann immer ihr Lieblingsplatz im

Aquarium sein. Oft befürchtet man, die Welse könnten aus ihrer engen Behausung nicht mehr heraus, was sich natürlich als unbegründet erweist.

Trotz seiner beachtlichen Größe gehört *S. courteti* zu den friedlicheren, zurückgezogen lebenden Aquarienbewohnern.

Er ist in der Lage, Nahrungsteilchen von der Wasseroberfläche auf dem Rücken schwimmend aufzunehmen. Er gehört aber nicht zu den echten Rückenschwimmern.

Sowohl pflanzliche als auch tierische Nahrung nimmt er gerne an. In seinem natürlichen Lebensraum ernährt sich *S. courteti* hauptsächlich von Insektenlarven.

Synodontis decorus
BOULENGER, 1899

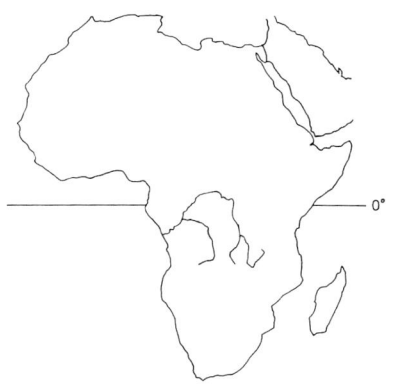

Clownwels, Verzierter Fiederbartwels

Verbreitung:
Zaire-Becken

Größe:
Maximale Länge 32 cm, durchschnittliche Länge 25 cm

Jungtiere und erwachsene Exemplare von *S. decorus* (s. Abb. Seite 41 o.) weisen recht unterschiedliche Färbungen und Zeichnungen auf.

Juvenile Tiere besitzen eine weißliche Grundfarbe, auf der sich zwei bis drei schwarze Bänder oder große, unregelmäßig geformte Flecken verwaschen abheben. Man hat auch schon Jungtiere ohne jegliche Musterung gefunden. Der Kopfschild ist wie bei adulten Tieren mit winzigen schwarzen Punkten übersät.

Die Grundfarbe herangewachsener Tiere variiert von Hellrosa über Grau bis zu einem Bronzeton. Der Körper ist mit großen, mehr oder weniger abgerundeten Flecken besetzt. Im Gegensatz zu den Jungtieren ist die Zeichnung schärfer und kontrastreicher. Die Fettflosse ist in die Körperzeichnung miteinbezogen.

Gelegentlich kann auch bei adulten Tieren die Fleckzeichnung fehlen.

Die Bauchseite ist weiß und ohne jegliche Zeichnung.

Schwanz- und Rückenflosse weisen zwei bis vier bzw. zwei bis drei schwarze Bänder auf. Die Anzahl dieser Streifen erhöht sich mit zunehmendem Alter. Auf der Afterflosse befindet sich ein schwarzer Fleck. Die anderen Flossen sind weißlich und besitzen keine Zeichnung.

Bei der Betrachtung mehrerer Exemplare von *S. decorus* stellt man fest, daß ihr äußeres Erscheinungsbild zwar typisch, aber dennoch sehr variabel sein kann. Besonders bei geographisch getrennten Populationen können verschiedene Farbvarianten auftreten.

BOULENGER beschrieb 1920 eine im östlichen Teil des Kongobeckens beheimatete Variante von *S. decorus*, die statt Flecken zwei bis fünf horizontale Streifen aufwies, als eine neue Art mit dem Namen *S. vittatus*. Erst 1971 stellte POLL fest, daß es sich hierbei um *S. decorus* handelte. In älterer Literatur wird die Art auch fälschlicherweise als *S. acanthomias*, *S. nummifer* oder *S. filamentosus* bezeichnet.

Ein Merkmal haben aber alle Verzierten Fiederbartwelse gemeinsam: das schwarze Rückenfilament, das eine Verlängerung des Rückenflossenstrahls darstellt. Es beginnt sich auszubilden, wenn die Tiere 5 bis 8 cm groß sind. Die Länge dieses Fortsatzes kann von Individuum zu Individuum variieren. Gewöhnlich reicht das Filament bis zur Basis der Schwanzflosse, kann unter Umständen aber auch länger werden. Beide Geschlechter bilden es aus.

Alle drei Bartelpaare von *S. decorus* sind weißlich gefärbt. Neben den Maxillarbarteln (am Unterkiefer) weisen auch die Mandibularbarteln (am Oberkiefer) Verzweigungen – allerdings nur auf der Vorderseite – auf. Eine Membran an der Basis der Barteln ist nicht vorhanden.

Der Verzierte Fiederbartwels gehört, wie der Name schon vermuten läßt, zu den Schmuckstücken unter den *Synodontis*-Arten. Ein erwachsenes Exemplar, welches majestätisch und gelassen, das lange Rückenfilament hinter sich her wehend, seine Bahnen durch das Aquarium zieht, ist schon eine imposante Erscheinung. Wegen seiner stattlichen Größe nimmt *S. decorus* meistens eine dominierende Position im Becken ein, wobei er sich aber gegenüber anderen Fischen recht friedlich verhält. Nur mit etwa gleich großen Fiederbartwelsen trägt er gelegentlich Revierkämpfe aus, die aber normalerweise nicht mit ernsthaften Verletzungen enden. Allerdings sollte man *S. decorus* nur in großen Becken (mindestens 200 Liter) pflegen. Auch wenn ausreichend Versteckmöglichkeiten vorhanden sind, ist dieser Wels tagsüber recht aktiv.

Clownwels (Synodontis decorus)

Schmuckflossen-Fiederbartwels (Synodontis eupterus)

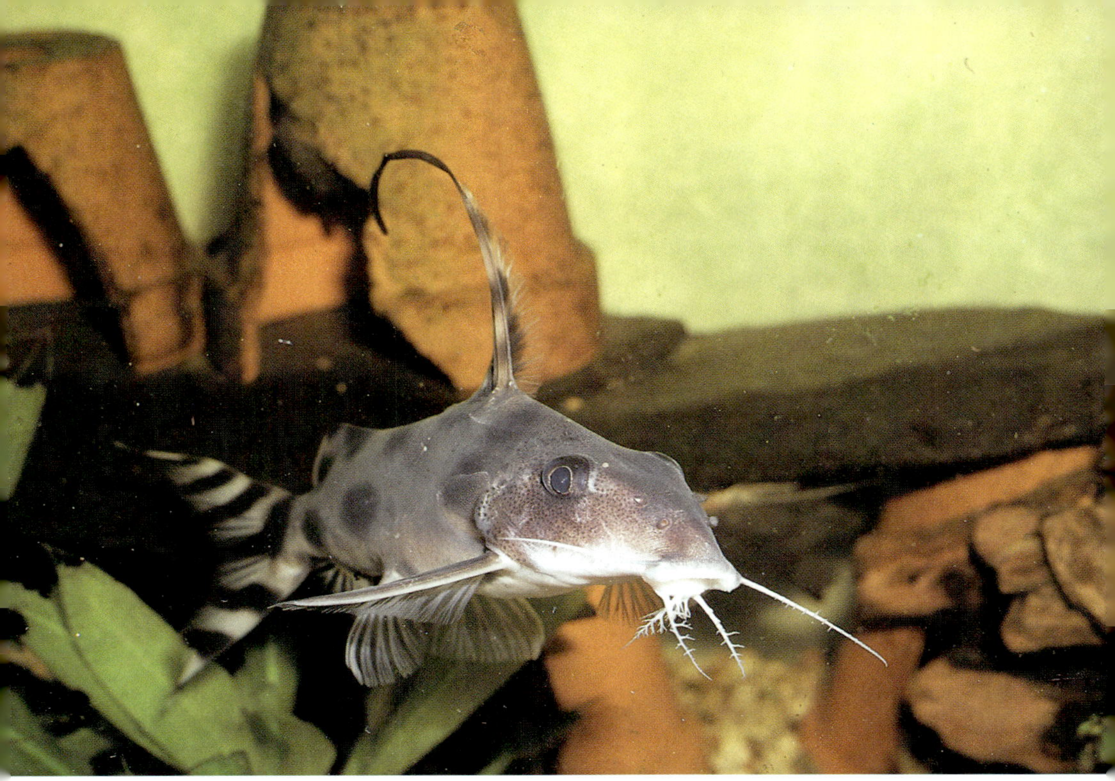

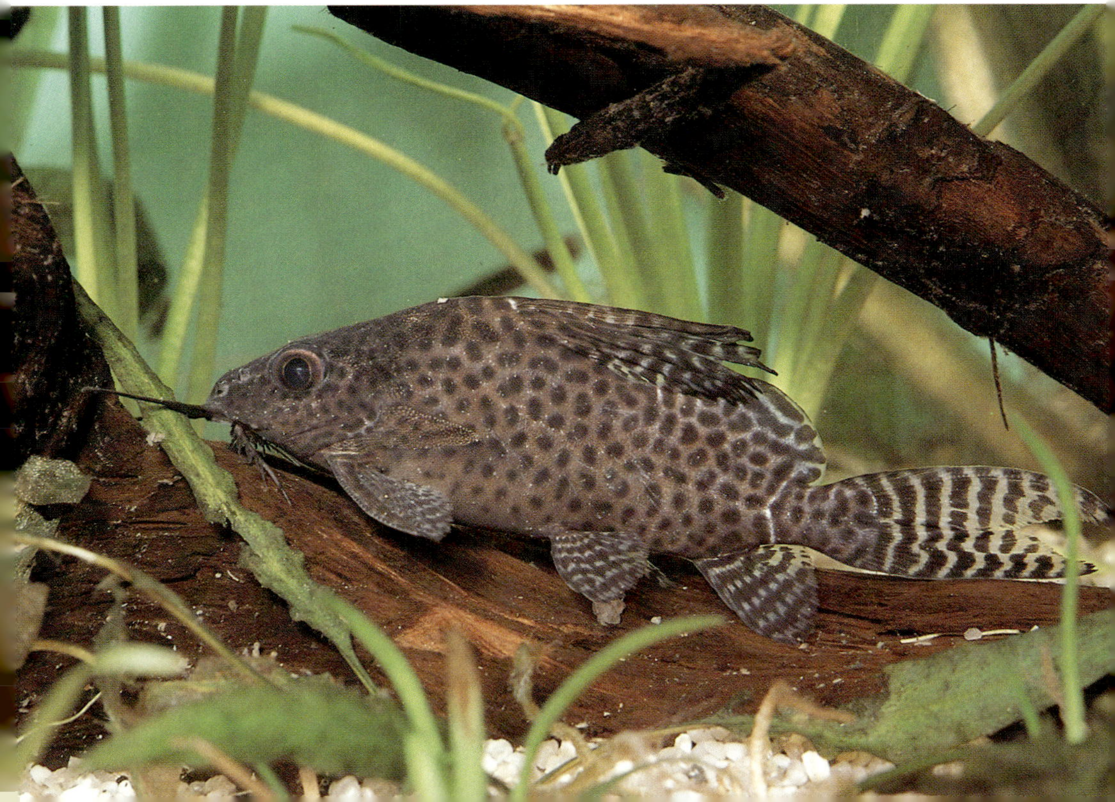

Besonders bei der Vergesellschaftung mit Cichliden besteht leider die Gefahr, daß diese das lange Rückenfilament des Welses anknabbern. Zum Glück ist der Flossenfortsatz regenerierbar, solange die Bildungszone nicht zerstört ist. Allerdings bleibt ein nachgewachsenes Filament meistens kleiner als das ursprüngliche.

Die Tiere nehmen sowohl vom Boden als auch von der Wasseroberfläche Nahrung auf. Sie sind aber nicht in der Lage sich – wie viele andere Fiederbartwelse – in die Rückenlage umzudrehen. Daher fressen sie von der Wasseroberfläche in einer nahezu vertikalen Position, wobei sie mit ihrem überdimensioniert erscheinenden Maul auch sehr große Futterbrocken verschlingen können. Wie in ihrem natürlichen Lebensraum fressen sie sowohl pflanzliche als auch tierische Nahrung.

Synodontis eupterus
BOULENGER, 1901

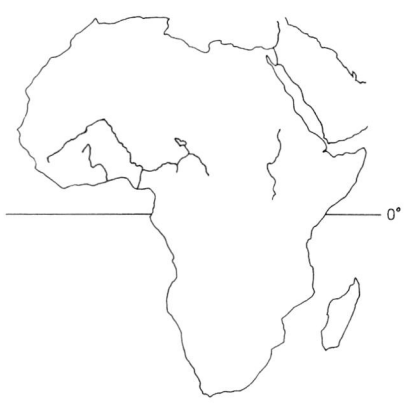

Schmuckflossen-Fiederbartwels, Federflossen-Fiederbartwels

Verbreitung:
Weißer Nil, Tschad, Niger, Volta, Tschadsee

Größe:
Maximale Länge 22 cm, durchschnittliche Länge 15 cm

Der Schmuckflossen-Fiederbartwels (s. Abb. Seite 41 u.) ist der Art *S. nigrita* sehr ähnlich, kommt aber weniger häufig vor.

Der ganze Körper von *S. eupterus* ist mehr oder weniger braun gefärbt mit einem gelblichen, grauen oder violetten Schimmer. Die Jungtiere besitzen eine gelblich-braune Grundfarbe, wobei der Bauch heller als die Oberseite ist. Die Jugendzeichnung dieser Tiere besteht aus unregelmäßig gewundenen, manchmal miteinander verbundenen, dunklen Linien auf Kopf, Körperoberseite und Fettflosse.

Bei adulten Tieren sind diese Körperpartien mit zahlreichen kleinen, schwarzen Flecken besetzt. Auch die Flossen zeigen – wie schon bei den Jungtieren – dieses Fleckenmuster, wobei sich die schwarzen Punkte nur auf den Flossenstrahlen befinden. Die Barteln sind dunkel gefärbt. Die am Oberkiefer inserierten Maxillarbarteln besitzen eine schwarze Membran.

Der Körper von *S. eupterus* ist recht hochgezogen. Der obere Teil der Schwanzflosse ist meistens länger als der untere. Die Rückenflosse entwickelt bei erwachsenen Exemplaren filamentartige Verlängerungen der harten und weichen Flossenstrahlen. Dank dieses Merkmals erhielt der Wels seinen deutschen Namen. Die verlängerte Rückenflosse ist auch ein sicheres Bestimmungsmerkmal, um ihn von *S. nigrita* unterscheiden zu können. Jungtiere von *S. eupterus* kann man anhand der

größeren Fettflosse von *S. nigrita*-Exemplaren differenzieren.

Weitere Verwechslungsmöglichkeiten bestehen mit den Arten *S. velifer* und *S. ornatus*, die allerdings nur äußerst selten in den Handel gelangen.

S. eupterus lebt in seinem natürlichen Biotop vorwiegend an felsigen Ufern. Seine Hauptnahrung besteht aus Insektenlarven. Er frißt häufig von der Wasseroberfläche, wobei er sich in die Rückenlage umdreht.

Dieser friedliche Fisch ist für mittelgroße Aquarien geeignet. Er läßt sich gut mit Cichliden vergesellschaften. Allerdings kann es vorkommen, daß andere Beckeninsassen die verlängerten Flossen anknabbern. Man sollte ihn also nur mit friedfertigen Arten zusammen halten.

Synodontis eurystomus
MATTHES, 1959

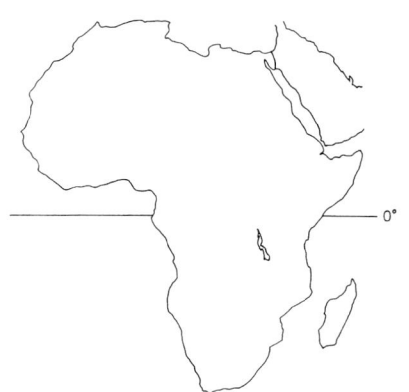

0°

Leopardwels

Verbreitung:
Tanganjikasee

Größe:
Maximale Länge 15 cm,
durchschnittliche Länge 12,5 cm

S. eurystomus ist eine der vier im Tanganjikasee endemisch lebenden Fiederbartwelsarten, die für die Aquaristik Bedeutung haben.

Die bräunliche Grundfarbe des Körpers ist am Bauch heller. Körper und Fettflosse sind mit unregelmäßig geformten schwarzbraunen Flecken besetzt, die bisweilen miteinander verschmelzen. Manchmal sind die Flecken im Zentrum etwas heller. Das Fleckenmuster am Kopf ist kleiner. Die Fleckzeichnung am Bauch erscheint verwaschener als auf dem Rücken.

Die Flossen sind alle im Zentrum einfarbig schwarzbraun gefärbt und besitzen einen weißlichen Rand. Gelegentlich findet man auch in den Flossen die Fleckzeichnung wieder.

Die Grundfarbe der Jungtiere ist eher gelblich und die Flecken sind größer als bei adulten Exemplaren.

Der flache Kopf endet in einer großen, abgerundeten Schnauze. Das Maul ist sehr breit und die wulstigen Lippen kräftig entwickelt. Die kurzen Maxillarbarteln am Oberkiefer reichen noch nicht einmal bis zum Kopfende. An ihrer dunklen Basis befindet sich eine deutliche Membran. Zum Ende hin werden die Barteln heller. Auch die Mandibularbarteln des Unterkiefers sind extrem kurz. Sie weisen nur einfache dicke Verzweigungen auf.

Der dreieckige Knochenfortsatz des Kopfschildes ist kurz und am Ende etwas hochgezogen. Die Augen sind sehr groß.

S. eurystomus wird häufig mit der Art *S. multipunctatus* zusammen importiert. Genauso wie diese Art frißt der Leopardwels gerne Schnecken. Weiterhin gehören Pflanzen zu seiner Hauptnahrung.

S. eurystomus lebt an den felsigen Ufern des Tanganjikasees und kommt bis zu einer Tiefe von 20 m vor. Ab Wassertiefen von 15 m, wo nur noch gedämpftes Licht herrscht, ist der Wels tagaktiv.

Wegen des hohen pH-Wertes im Tanganjikasee (ph 9) empfiehlt sich leicht alkalisches Aquarienwasser.

Im Gegensatz zu *S. multipunctatus* lebt der Leopardwels als Einzelgänger. Aggressives Verhalten zeigt er nur gegenüber Artgenossen. Mit anderen Fischen läßt er sich problemlos vergesellschaften.

Zwergfiederbartwels (Synodontis petricola)

Gelbbindenfiederbartwels (Synodontis flavitaeniatus

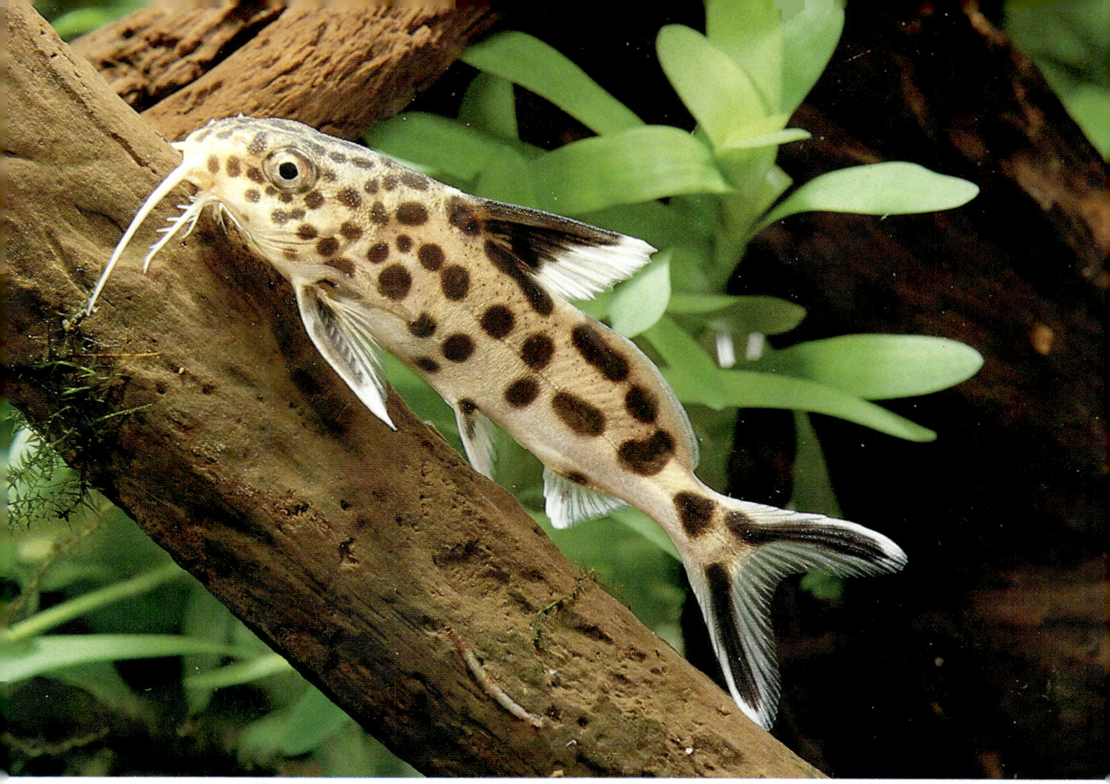

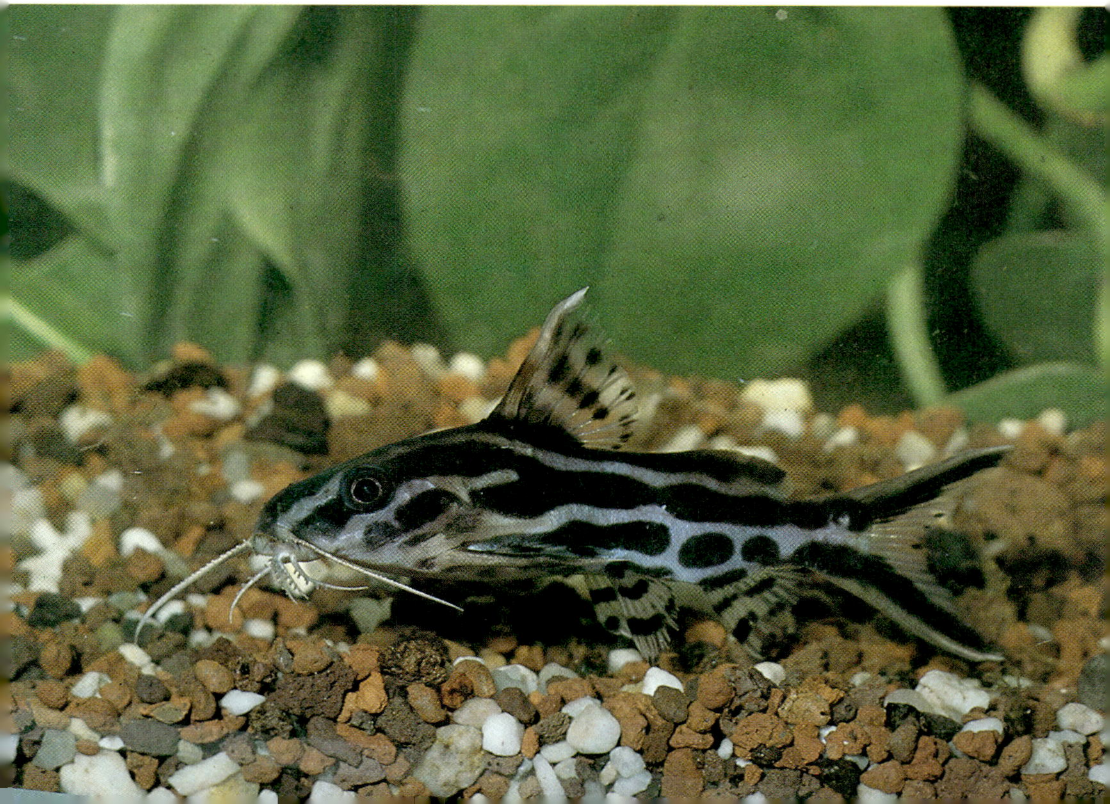

Synodontis petricola
MATTHES, 1959

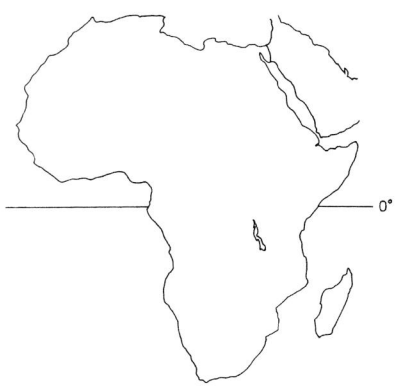

Zwergfiederbartwels

Verbreitung:
Tanganjikasee

Größe:
Maximale Länge 10 cm,
durchschnittliche Länge 8,5 cm

S. petricola wird mit *S. eurystomus* sehr häufig verwechselt. *S. petricola* (s. Abb. Seite 45 o.) ist der kleinste der im Tanganjikasee vorkommenden und für die Aquaristik interessanten Fiederbartwelse. Die Tiere sind olivbraun gefärbt, wobei die Unterseite immer etwas heller ist als der Rükken. Bei den Jungtieren herrscht noch ein gelblicher Farbton vor. Körper, Fettflosse und Kopf sind mit zahlreichen, unregelmäßig geformten, schwarzen Flecken besetzt, die zum Körperende immer größer werden. Bisweilen verschmelzen diese Flecken oder sind etwas verwaschen. Am Bauch sind sie nur manchmal vorhanden.

Die Flossen sind in der Mitte einheitlich schwarz gefärbt. Der Rand ist wie die Barteln weiß. Die Mandibularbarteln am Unterkiefer tragen besonders an der Innenseite viele dicke Verzweigungen.

Der Körper von *S. petricola* ist langgezogener und der Kopf ist kleiner als von *S. eurystomus*. Die Augen sind winzig. Der Knochenfortsatz des Kopfschildes ist länger, schmaler und mehr nach oben gezogen als bei *S. eurystomus*.

S. petricola lebt als Einzelgänger und wird auch nicht sehr häufig gefangen. Da er viel Algen frißt, hält er sich vorwiegend im seichten Wasser auf, wo genügend Licht vorhanden ist, um ein reichhaltiges Algenwachstum zu gewährleisten. Im Aquarium sollte also ein gewisser Anteil an pflanzlicher Nahrung angeboten werden.

S. petricola ist ideal für die Vergesellschaftung mit Cichliden. Mit Artgenossen sollte man ihn nicht zusammen halten, da es dann zwischen den einzelgängerisch lebenden Tieren zu heftigen Revierkämpfen kommen kann.

Da der Tanganjikasee einen pH-Wert von 9 hat, sollte das Aquarienwasser leicht alkalisch sein.

Bezüglich der Fortpflanzung von *S. petricola* vermutet man, daß er ein ähnliches Kuckucksverhalten zeigt wie *S. multipunctatus*.

Die vier Arten *S. dhonti*, *S. eurystomus*, *S. multipunctatus* und *S. petricola*, die alle im Tanganjikasee beheimatet sind, haben folgende gemeinsame Merkmale:

die lange Fettflosse; das dunkle Fleckenmuster auf hellem Grund; der hellere Bauch; die typische Flossenzeichnung, die man bei anderen Arten nicht findet.

Diese Tatsache läßt vermuten, daß alle vier Arten von einem gemeinsamen Vorfahren abstammen und sich im Laufe der Zeit verschiedene Lebensräume erobert und unterschiedliche Verhaltensweisen angeeignet haben.

Synodontis flavitaeniatus
BOULENGER, 1919

Gelbbindenfiederbartwels, Pyjama-Wels

Verbreitung:
Zaire-Becken, besonders größere Flußläufe

Größe:
Maximale Länge 20 cm, durchschnittliche Länge 15 cm

Die außergewöhnliche Erscheinung von *S. flavitaeniatus* (s. Abb. Seite 45 u.) läßt ihn zu einem besonderen Schmuckstück im Aquarium werden.

Die Grundfarbe dieses zierlich erscheinenden Fiederbartwelses variiert von fast schwarz bis zu einem satten schokoladenbraun. Seine typische Zeichnung schließt die Verwechslung mit anderen *Synodontis*-Arten aus. Auf jeder Körperseite befinden sich zwei bis drei wellenförmige, horizontal verlaufende Bänder, die gelb, orange oder sogar dunkelrot gefärbt sein können. Je nach Stimmungslage der Tiere verändert sich der Kontrast zwischen der dunklen Grundfarbe und der hellen Bänderung.

Am vorderen Kopfende, sozusagen direkt auf der Nasenspitze, befindet sich häufig ein Fleck in derselben Farbe wie die Streifen gefärbt sind.

Die relativ kleine Fettflosse ist in das Muster des Körpers miteinbezogen. Die transparent erscheinenden Flossen sind mit dunklen Punktreihen versehen. Die Rückenflosse ist ebenso hell gefärbt mit mehr oder weniger zahlreichen kleinen Punkten, besitzt aber an der Vorderseite einen dunklen Streifen. Der Bauch ist hell. An seinen Rändern befinden sich kleine, unregelmäßig angeordnete dunkle Flecken.

Ein besonders typisches Merkmal von *S. flavitaeniatus* sind die Verzweigungen nicht nur der am Unterkiefer inserierten Mandibularbarteln, sondern auch der Maxillarbarteln. Diese

längsten, am Oberkiefer ansetzenden Barteln besitzen an ihrer Vorderseite winzige Verzweigungen. Eine häutige Membran an ihrer Basis ist nicht vorhanden. Alle drei Bartelpaare sind weiß gefärbt.

S. flavitaeniatus verhält sich gegenüber den meisten anderen Fischen recht friedlich. Nur gegen Artgenossen kann es gelegentlich zu Revierkämpfen um die bevorzugten Versteckplätze kommen. Sind diese Kämpfe einmal ausgestanden, herrscht Frieden im Aquarium.

Da die Tiere bevorzugt vom Bodengrund fressen, sind sie nur selten bei der Nahrungsaufnahme an der Wasseroberfläche zu beobachten. Dann drehen sie sich aber in die Rückenlage, um die Futterteilchen besser aufnehmen zu können.

Welche Nahrung diese Tiere in ihrem natürlichen Lebensraum bevorzugen, ist nicht bekannt. Im Aquarium nehmen sie aber jede Art von Trocken- und auch Frischfutter gerne an.

Synodontis greshoffi
SCHILTHUIS, 1891

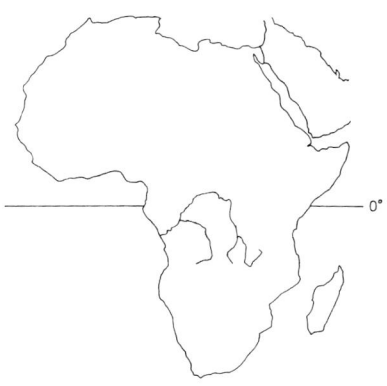

Greshoffs Fiederbartwels

Verbreitung:
Zaire-Becken

Größe:
Maximale Länge 26 cm,
durchschnittliche Länge 18 cm

S. greshoffi (s. Abb. Seite 51 o.) ist im Zaire-Gebiet sehr weit verbreitet.

Unterschiedliche Populationen weisen verschiedene Körperzeichnungen auf. Die Grundfarbe variiert von hellbeige über zartviolett bis mittelbraun. Körper und Fettflosse weisen eine aus unregelmäßig geformten, braunen Flecken gebildete Marmorierung auf. Am Bauch fällt sie gelegentlich heller aus, ist verwaschen oder verschwindet völlig. Der Kopf ist wie die Rücken-, die After- und die Schwanzflosse mit kleineren Flecken besetzt. Brust- und Bauchflossen sind häufig, aber nicht immer gefleckt.

Von den dunkel gefärbten Barteln sind nur die Mandibularbarteln (am Unterkiefer) verzweigt. An der Basis der am Oberkiefer inserierten Maxillarbarteln befindet sich keine Membran.

S. greshoffi lebt vorwiegend in großen Seen und Flüssen, wo er besonders felsigen Untergrund bevorzugt. Man findet diesen Wels häufig dort, wo abgestorbene Bäume oder große Äste ins Wasser hineinragen, die als Unterschlupf genutzt werden. Die Tiere ernähren sich sowohl von Insekten und deren Larven als auch von pflanzlicher Nahrung.

Besonders bei der Nahrungsaufnahme kann man beobachten, wie *S. greshoffi* an der Wasseroberfläche in Rückenlage schwimmt. Aber auch beim normalen Umherschwimmen in Aquarien nimmt dieser Wels häufig die umgekehrte Schwimmposition ein.

S. greshoffi ist ein sehr friedlicher Aquarienbewohner, der sich problemlos mit anderen Arten vergesellschaften läßt.

Er gelangt meistens mit einer Lieferung Rückenschwimmender Kongowelse (*S. nigriventris*) in unsere Zoogeschäfte. Oft wird er auch unter diesem Namen verkauft, da er eine gewisse Ähnlichkeit mit *S. nigriventris* besitzt.

Anhand zweier typischer Merkmale kann aber auch der Nicht-*Synodontis*-Fachmann die beiden Arten sicher unterscheiden:

Der Bauch von *S. nigriventris* (= der Schwarzbäuchige) ist, wie der Name schon sagt, sehr dunkel, fast schwarz gefärbt. Die Bauchseite von *S. greshoffi* dagegen ist wesentlich heller gefärbt und weist die typische Fleckzeichnung auf.

Das zweite leicht erkennbare Unterscheidungsmerkmal ist die Membran an der Basis der Maxillarbarteln von *S. nigriventris*, die bei *S. greshoffi* fehlt.

Außerdem sind die Rückenschwimmenden Kongowelse, die bei uns erhältlich sind, in der Regel kleiner als *S. greshoffi*.

Synodontis longirostris
BOULENGER, 1902

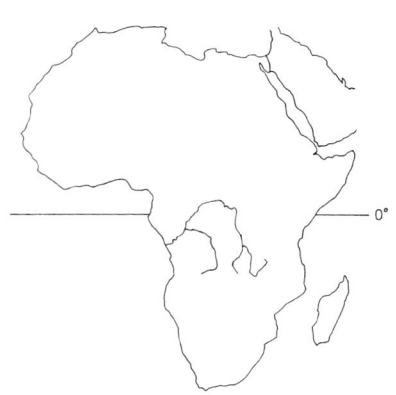

Eierfleck-Fiederbartwels

Verbreitung:
Zaire-Becken

Größe:
Maximale Länge 66 cm,
durchschnittliche Länge 53 cm

S. longirostris (s. Abb. Seite 51 u.) ist die drittgrößte bekannte *Synodontis*-Art, die aber auch wie *S. acanthomias* in Gefangenschaft nie ihre volle Größe erreicht.

Dieser Wels ist im Zaire-Becken weit verbreitet und wird häufig in schnell fließenden Gewässern angetroffen. Zu manchen Jahreszeiten erreicht das Wasser eine Fließgeschwindigkeit von 30 km/h. In An-

Greshoffs Fiederbartwels (Synodontis greshoffi)

Eierfleck-Fiederbartwels (Synodontis longirostris

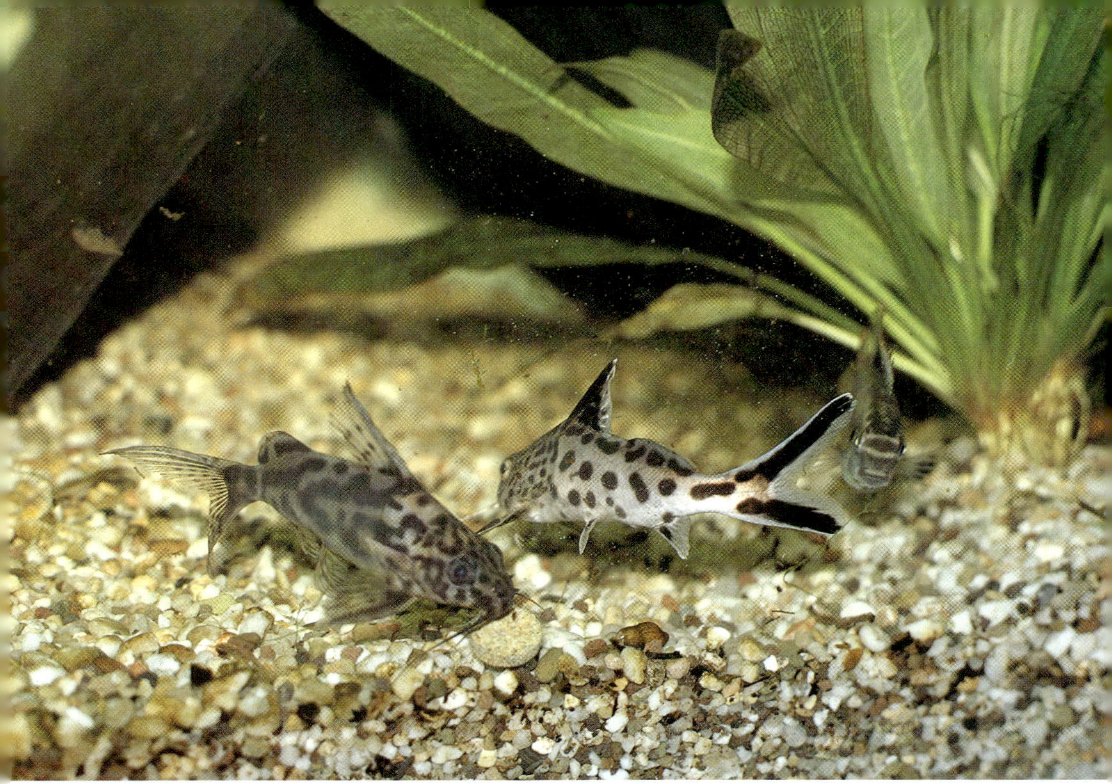

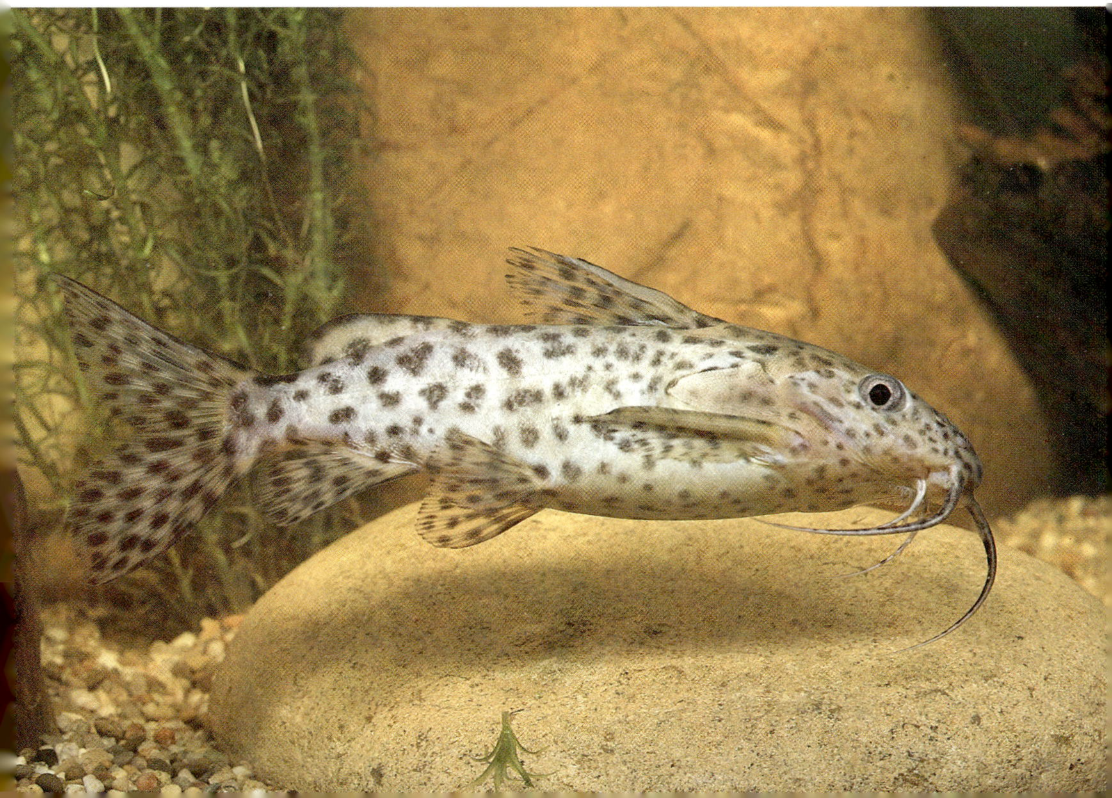

passung an diesen Lebensraum besitzt *S. longirostris* einen langgezogenen Körper mit einer sehr großen Schwanzflosse. Der obere Teil der Schwanzflosse ist häufig länger als der untere.

Der stromlinienförmig gebaute Körper bietet einen möglichst geringen Wasserwiderstand. Die mächtige Schwanzflosse wird für den Antrieb in der zum Teil sehr starken Strömung benötigt.

Die Grundfarbe von *S. longirostris* variiert von olivbraun bis blaugrau. Der Bauch ist heller gefärbt. Der Körper ist mit zahlreichen ovalen oder eiförmigen (deutscher Name!) schwarzen Flecken besetzt, die in drei horizontalen Reihen angeordnet sind. Am Kopf und auf den Flossen sind die Flecken kleiner als auf Körper und Fettflosse. Der Bauch ist nur gelegentlich mit Punkten besetzt.

Die verlängerte Schnauze von *S. longirostris* endet in einem großen Maul mit wulstigen Lippen. Alle drei Bartelpaare sind sehr kurz. An der Basis der Maxillarbarteln am Oberkiefer befindet sich eine deutliche Membran.

Auf den ersten Blick läßt sich *S. longirostris* eventuell mit *S. acanthomias* verwechseln. Man kann die beiden Arten aber daran unterscheiden, daß *S. acanthomias* eine größere Fettflosse und kleinere Flecken besitzt. Für *S. longirostris* sind die kurzen Barteln und die verlängerte Schnauze typisch.

Der Eierfleckfiederbartwels benötigt ein sehr großes Becken und sollte auch nur mit anderen relativ großen Arten vergesellschaftet werden. Da er aus unruhigen, schnell fließenden Gewässern stammt, muß das Wasser reichlich belüftet werden. Man sollte ausreichend Versteckplätze zur Verfügung stellen, damit sich der Wels in sein Revier zurückziehen kann und weniger Aggressionen gegenüber anderen Beckeninsassen zeigt.

Wie für die meisten *Synodontis*-Arten sollte das Futterangebot sowohl aus pflanzlicher als auch tierischer Nahrung bestehen.

Synodontis multipunctatus
BOULENGER, 1898

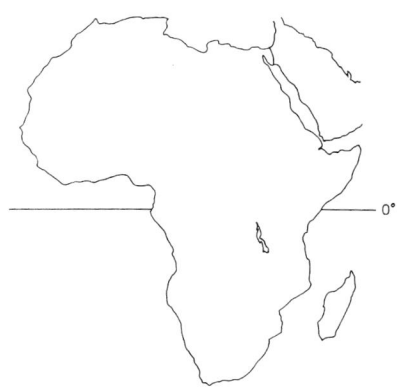

Vielpunktfiederbartwels

Verbreitung:
Tanganjikasee

Größe:
Maximale Länge 27 cm,
durchschnittliche Länge 22 cm

Einer der am auffallendsten und schönsten gezeichneten und auch populärsten Vertreter der Fiederbartwelse ist *S. multipunctatus* (s. Abb. Seite 59 o.). Wie der Name schon sagt, ist der Körper der Tiere mit zahlreichen, mehr oder weniger runden, fast schwarzen Flecken übersät, die gelegentlich zusammenfließen können. Die Fettflosse ist in diese Zeichnung miteinbezogen. Die Grundfarbe des Welses ist ein heller Bronzeton, von dem sich das markante Muster gut abhebt. Der Bauch ist weißlich gefärbt und nur manchmal mit wenigen Punkten besetzt. Auf der vorderen Körperhälfte und besonders auf dem Kopf sind die Punkte kleiner und zahlreicher als auf den anderen Körperpartien.

Mit Ausnahme der Schwanzflosse sind alle Flossen an der Basis und an der Vorderseite schwarz-gefleckt bis einheitlich schwarz. Die hintere Region ist durchscheinend weißlich bis gelblich-weiß gefärbt. Die Schwanzflosse ist bis auf einen weißen Rand vollständig schwarzbraun gefärbt.

Bei den Jungtieren ist das Fleckenmuster noch nicht zu erkennen. Bis zu einer Größe von 2 bis 4 cm besteht die Zeichnung der gelblich-weißen Tiere nur aus drei vertikal verlaufenden breiten, dunklen Streifen. Später brechen diese Streifen auseinander und das typische Fleckenmuster erscheint allmählich. Je älter die Tiere werden, desto kleiner und zahlreicher werden die Punkte. Aufgrund der Körperzeichnung wurde *S. multipunctatus* schon häufig mit der ähnlich aussehenden Art *S. dhonti*, die auch im Tanganjikasee beheimatet ist, verwechselt.

Die weißen Barteln des Vielpunkt-fiederbartwelses sind mit kleinen braunen Flecken besetzt. Nicht nur die Mandibularbarteln am Unterkiefer, sondern auch die Maxillarbarteln des Oberkiefers sind – allerdings nur zu einer Seite – verzweigt. An ihrer Basis befindet sich keine Membran.

S. multipunctatus lebt endemisch im Tanganjikasee und bevorzugt dort Lebensräume mit sandigen und schlammigen Böden. Man findet ihn sowohl in Küstennähe als auch in Wassertiefen bis zu 100 Meter. Als geselligen Schwarmfisch trifft man den Vielpunktfiederbartwels meistens in größeren Gruppen an. Schulen von 300 bis 400 Tieren sind keine Seltenheit. Man kann sie beim Absuchen des Bodengrundes beobachten, wobei sie in größeren Wassertiefen wegen des gedämpften Lichtes auch tagsüber aktiv sind. Wenn es möglich ist, sollte man *S. multipunctatus* auf alle Fälle mit mehreren Artgenossen vergesellschaften.

Da im Tanganjikasee der pH-Wert 9 beträgt, sollte das Aquarienwasser leicht alkalisch sein.

In seinem natürlichen Biotop besteht seine Nahrung neben kleinen Krebsen und Insektenlarven hauptsächlich aus Schnecken der Art Neothema tanganyicense. Obwohl *S. multipunctatus* im Aquarium jedes angebotene Fischfutter gerne annimmt, sind Schnecken natürlich nicht vor ihm sicher. Um sie zu fressen, muß er noch nicht einmal die Schale zerstören, sondern er saugt den Schneckenkörper aus dem Häuschen heraus. Neben der auffallenden Zeichnung weist *S. multipunctatus* noch eine weitere Besonderheit auf: ein ungewöhnliches Fortpflanzungsverhalten. *S. multipunctatus* ist die bisher einzige Fischart, die nachweislich ein echtes Kuckucksverhalten zeigt. Echter Brutparasitismus, wie man ihn sonst nur von Vögeln kennt, zeichnet sich dadurch aus, daß der »Kuckuck« seine Eier von anderen Arten ausbrüten läßt, wobei diese Arten durch den Verlust ihrer eigenen Jungen geschädigt werden. Ebenso verhält es sich bei *S. multipunctatus*. Er läßt seine Eier von maulbrütenden Cichliden »ausbrüten«. Die Welse schlüpfen vor den kleinen Cichliden und fressen die Wirtsbrut noch im Maul der Mutter auf. Dieses Verhalten wurde schon sowohl im natürlichen Biotop als auch im Aquarium beobachtet. BRICHARD fing einige Exemplare der Cichliden-Art Ophthalmochromis nasutus, die noch im Fangnetz ihre Brut ausspuckten. Neben Eiern und Jungfischen verschiedener Stadien fanden sich auch drei kleine Welse der Art *S. multipunctatus* von etwa 10 mm Länge in dem Netz.

Weitere Fänge von zahlreichen Exemplaren der Gattungen Cyathopharynx, Ophthalmochromis und Cyphotilapia zeigten, daß sich in den Mäulern der brütenden Weibchen häufig Jungfische von *S. multipunctatus* befanden.

Es tat sich nun die Frage auf: Wie kommen die kleinen Welse in das Maul der Cichliden?

54

Die Vermutung lag zunächst nahe, daß das Cichliden-Weibchen fälschlicherweise die *Synodontis*-Eier für ihre eigenen hält und sie statt dessen aufnimmt. Dagegen spricht allerdings, daß die gelben Cichliden-Eier dreimal so groß sind wie die weißen *Synodontis*-Eier. Die Möglichkeit, daß *Cyathopharynx*- und *Ophthalmochromis*-Weibchen die Eier zufällig vom Boden aufgenommen haben, war auch sehr unwahrscheinlich, da diese Cichliden keine Bodenabsucher sind, sondern planktontische Algen fressen.

Warum fraßen *Cyphothilapia*-Weibchen als ausgesprochene Fleischfresser nicht einfach die fremden Eier und Jungfische auf? Ein Exemplar der Art Tropheus duboisi verhungerte sogar, weil ein kleiner Wels im Maul so groß geworden war, daß er nicht mehr herausgespuckt werden konnte.

Den Fischern am Tanganjikasee ist dieses Kuckucksverhalten von *S. multipunctatus* schon lange bekannt. Sie bezeichnen die Cichliden der Gattung *Cyphotilapia* als die »Mütter« von *Synodontis*.

Beobachtungen in Gefangenschaft gaben noch mehr Aufschluß über dieses merkwürdige Fortpflanzungsverhalten.

Zwei Exemplare von *S. multipunctatus* wurden mit einem Männchen und einem Weibchen der Art *Haplochromis electra* vergesellschaftet. Als die Cichliden ablaichten, stahlen die Welse einen großen Teil der frisch abgelegten Eier. Drei Wochen nach der Eiablage versteckte sich das *Haplochromis*-Weibchen und tauchte nach fünf Tagen in Begleitung zweier 17 mm großen Fiederbartwelse wieder auf. Von der Cichliden-Brut fehlte jede Spur.

In einem anderen Fall lebten sieben Welse mit drei Pfauenaugenbarschen der Gattung *Aulonacara* zusammen. Die Cichliden laichten ab, hörten aber schon nach 14 Tagen auf zu brüten und fraßen wieder. Der einzige auffindbare Jungfisch war ein kleiner *S. multipunctatus*.

Dieselben Fiederbartwelse wurden später mit einigen Pseudotropheus lambardoi zusammengehalten. Die Cichliden laichten mehrere Male ab, wurden aber jedesmal von den Welsen gestört, welche versuchten die Eier zu fressen. Schließlich gelang es doch zwei Pärchen, erfolgreich abzulaichen. Nach 20 Tagen wurden die Jungfische aus den Mäulern entfernt. Ein Weibchen hatte 14 eigene Nachkommen aufgezogen. In dem Maul des anderen befanden sich nur zwei kleine Welse.

Ein weiterer Fall berichtet von einigen *S. multipunctatus*, die mit *Labeotropheus trewavasae* vergesellschaftet waren. Als zwei Cichliden-Paare ablaichten, zeigten die Welse eine größere Aktivität. Zwei Wochen nach erfolgter Eiablage der Cichliden wurde die Brut aus den Mäulern entfernt. Ein Weibchen hatte 35 eigene Jungfische aufgezogen, das andere hielt fünf etwa 13 mm große Fiederbartwelse in seinem Maul.

Faßt man alle Berichte über dieses

Kuckucksverhalten zusammen, so fällt auf, daß sich nie Jungfische beider Arten gleichzeitig in einem Cichliden-Maul befanden.

Entweder stehlen die Welse alle Cichliden-Eier direkt nach der Eiablage und legen ihre eigenen an dieselbe Stelle, so daß die maulbrütenden Fische ihrem Instinkt folgend alle verfügbaren Eier aufnehmen und ausbrüten. Oder, falls Eier beider Arten im Cichliden-Maul zur Entwicklung gelangen, fressen die kleinen Welse, die eher schlüpfen und sich auch schneller entwickeln, ihre Stiefgeschwister kurzerhand auf.

Wissenschaftliche Untersuchungen im Tanganjikasee lieferten Beweise für die zweite Möglichkeit. Die ausgeschlüpften Fiederbartwelse saugen den Dottersack der Cichliden-Jungen aus, so daß diese zugrunde gehen, oder fressen sie vollständig auf. In dem gesamten Untersuchungsgebiet hat man nur Jungtiere von *S. multipunctatus* gefunden, die von Cichliden »ausgebrütet« werden. Das weist darauf hin, daß der Vielpunktfiederbartwels als Brutparasit auf die Anwesenheit von maulbrütenden Cichliden angewiesen ist und sich ohne diese Wirte nicht selbständig fortpflanzen kann.

Synodontis dhonti
BOULENGER, 1917

Falscher Vielpunktfiederbartwels, Gefleckter Fiederbartwels

Verbreitung:
Tanganjikasee

Größe:
Maximale Länge 40 cm, durchschnittliche Länge 32 cm

Eine Art, die besonders häufig mit *S. multipunctatus* verwechselt wird, ist die Art *S. dhonti*.

Sie ist eine von vier Fiederbart-welsarten, die endemisch im Tanganjikasee leben und für die Aquaristik von Bedeutung sind. *S. dhonti* ist der größte Vertreter dieser Gruppe.

Alle in den Handel gelangenden Exemplare sind Jungtiere. Sie zeichnen sich durch unregelmäßig geformte, braunschwarze Flecken auf hellgrauem Grund aus. Die Flecken am Kopf sind kleiner als auf dem restlichen Körper. Am Bauch fehlen sie oder sind nur in geringer Anzahl vorhanden. Die lange, niedrige Fettflosse ist in die Körperzeichnung miteinbezogen.

Mit Ausnahme der Schwanzflosse sind die Flossen an der Basis und in der vorderen Hälfte einheitlich schwarzbraun gefärbt. Die hintere Region und der Rand sind durchscheinend hellgrau. Die Schwanzflosse ist auch einfarbig schwarzbraun gefärbt und besitzt rundherum einen breiten, hellen Rand.

Das dunkle Fleckenmuster bleibt bis zu einer Körpergröße von etwa 25 cm erhalten. Je größer die Tiere werden, desto geringer wird die Anzahl der Flecken. Ausgewachsene Exemplare sind einheitlich braun gefärbt und besitzen keine Abzeichen mehr.

Das vordere Ende des Kopfes ist länglich ausgezogen. Das abgerundete, breite Maul besitzt sehr große Lippen.

Die hellen Barteln sind alle recht kurz. Die Maxillarbarteln am Oberkiefer sind nur so lang wie der Kopf. An ihrer Basis befindet sich eine schmale Membran.

Der Knochenfortsatz des Kopfschildes ist bei Jungtieren schmal und spitz. Das Ende ist leicht hochgebogen. Bei adulten Exemplaren ist der Fortsatz mehr abgerundet.

Die als Einzelgänger lebenden Welse findet man ziemlich häufig im Tanganjikasee. Die Jungtiere besiedeln das seichte Wasser der felsigen und sandigen Ufer. Adulte Exemplare kommen in Wassertiefen von 40 m und mehr vor.

Sie ernähren sich hauptsächlich von Insektenlarven und Krebstieren.

Da der pH-Wert des Tanganjikasees um 9 liegt, sollte auch das Aquarienwasser leicht alkalisch sein.

Gegenüber anderen *Synodontis*-Arten oder Artgenossen kommt es im Aquarium zu Revierkämpfen. Am besten vergesellschaftet man *S. dhonti* mit afrikanischen Cichliden in einem großen Becken. Von *S. multipunctatus* läßt sich *S. dhonti* durch die Form der Flecken unterscheiden. Sie sind zum Teil länglich ausgezogen und normalerweise unregelmäßiger geformt als bei *S. multipunctatus*. Die Augen von *S. dhonti* sind etwas kleiner. Die Grundfarbe des Körpers erscheint eher grau als der helle Bronzeton des echten Vielpunktfiederbartwelses.

Synodontis nigrita
CUVIER et VALENCIENNES, 1840

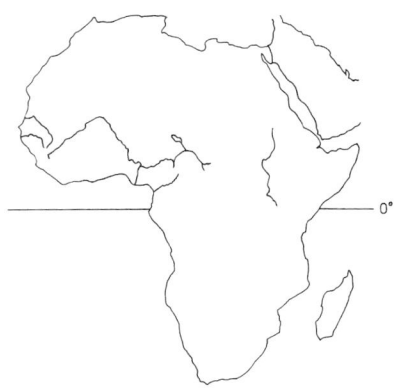

Dunkelgefleckter Fiederbartwels,
Falscher Rückenschwimmer

Verbreitung:
Zahlreiche Flüsse in West- und
Zentralafrika

Größe:
Maximale Länge 22 cm,
durchschnittliche Länge 17 cm

Kleinere Exemplare dieses sehr häufig vorkommenden Fiederbartwelses werden oft mit dem Rückenschwimmenden Kongowels S. *nigriventris* verwechselt. Beide Arten gelangen häufig zusammen in den Handel.

Der braune Körper ist mit zahlreichen dunklen Flecken besetzt, die sich zuweilen sehr klar vom Untergrund abheben. Die Flecken am Kopf sind kleiner und rundlicher als am Körper. An den Flanken fließen sie zum Teil zusammen. Am Bauch, der nicht immer heller gefärbt ist als die Oberseite, fehlen die Flecken manchmal.

Auch die Flossen sind mit dunklen Punkten besetzt, welche in Querreihen angeordnet sind.

Die Maxillarbarteln am Oberkiefer besitzen an ihrer Basis eine Membran.

S. *nigrita* (s. Abb. Seite 59 u.) ist eine der preisgünstig im Fachhandel angebotenen Fiederbartwelsarten. Allerdings ist es nicht ausgeschlossen, daß sich zwischen diesen Tieren auch Exemplare einer anderen, etwas selteneren Art befinden. Daher sollte man immer alle angebotenen Fiederbartwelse genau betrachten, um auf diese Weise eventuell noch zu anderen Arten zu gelangen. Vom Rückenschwimmenden Kongowels läßt sich S. *nigrita* dadurch unterscheiden, daß diese Tiere nur in der Nähe der Wasseroberfläche in Rükkenlage schwimmen. S. *nigriventris*

Vielpunktfiederbartwels (Synodontis multipunctatus)

Dunkelgefleckter Fiederbartwels (Synodontis nigrita)

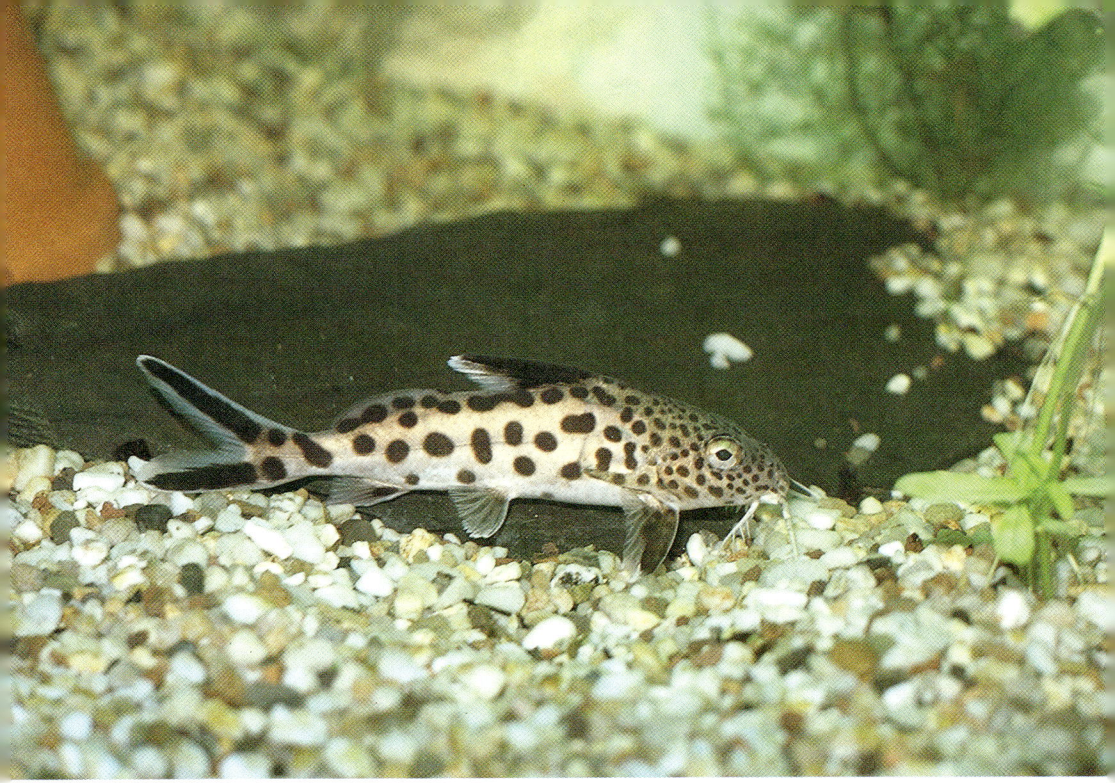

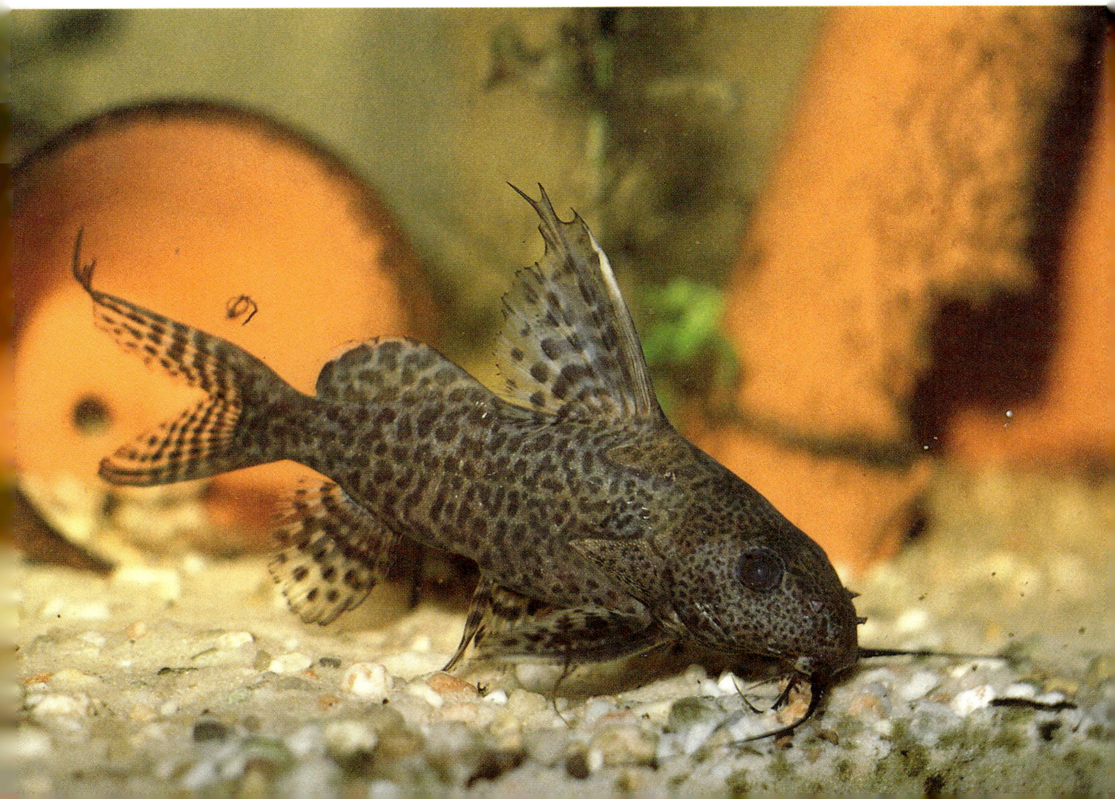

dagegen nimmt immer, außer in Bodennähe, die umgekehrte Schwimmposition ein. Weiterhin besitzt S. nigriventris einen schwarzen Bauch, wogegen die Unterseite von S. nigrita ebenso braun (oder sogar heller) gefärbt ist wie die Oberseite.

Jungtiere von S. nigrita wachsen sehr schnell heran.

Die Art ist anspruchslos und für größere Gemeinschaftsbecken geeignet. Nur mit sehr kleinen Arten und mit lebendgebärenden Fischen sollte sie nicht vergesellschaftet werden. Weiterhin versuchen die schnellen Schwimmer besonders nachts andere langsamere Beckeninsassen zu jagen und ihnen ihre, falls vorhanden, prächtigen Schmuckflossen anzuknabbern.

Ihre Nahrung sollte sowohl aus tierischer und pflanzlicher Kost bestehen. Im Aquarium fressen die Tiere nahezu alles, was ihnen vor das Maul kommt.

Die Männchen von S. nigrita erkennt man daran, daß sie schlanker sind als die Weibchen und längere Brustflossenstrahlen und eine längere Schwanzflosse besitzen.

Obwohl diese Fiederbartwelsart häufig bei uns angeboten wird, weiß man nichts über Nachzuchten in Gefangenschaft.

Synodontis nigriventris
DAVID, 1936

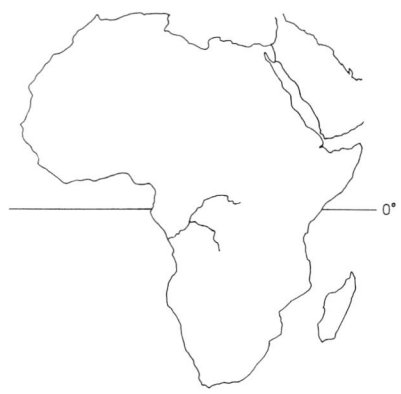

Rückenschwimmender Kongowels

Verbreitung:
Zaire-Becken

Größe:
Maximale Länge 10 cm,
durchschnittliche Länge 7,5 cm

0°

Wie der Name schon sagt, zeichnet sich diese Art durch ihre umgekehrte Schwimmweise aus. Die Tiere schwimmen, wenn sie sich nicht gerade am Bodengrund befinden, in der Rückenlage, d. h., der Bauch wird nach oben gedreht. Insgesamt gibt es sechs *Synodontis*-Arten, die solche Rückenschwimmer sind.

S. nigriventris (s. Abb. Seite 63 o.) ist aber am häufigsten im Zoohandel erhältlich.

Der lateinische Name »nigriventris« (= der Schwarzbäuchige) beschreibt ein weiteres ungewöhnliches Merkmal. Da die Tiere fast immer in Rückenlage schwimmen, hat sich auch die Färbung an diese Verhaltensweise angepaßt. Normalerweise sind die Bäuche von Fischen im Vergleich zur Oberseite heller gefärbt, um nach dem Prinzip der Gegenschattierung eine optimale Tarnung zu ermöglichen. Bei *S. nigriventris* ist der Bauch einfarbig schwarz gefärbt.

Die braune Oberseite der Welse ist verwaschen marmoriert. Der Kopfschild ist bisweilen heller gefärbt, so daß er fast gelblich erscheint. Vor und hinter der Fettflosse befinden sich zwei breite, senkrecht verlaufende Bänder, die heller gefärbt sind, als der restliche Körper. Die ganze Oberseite von *S. nigriventris* ist zusätzlich mit zahlreichen winzigen, silbrigweißen Punkten besetzt, die in Reihen angeordnet zu sein scheinen. Die Flossen sind alle mit dunklen Punkten besetzt, die gelegentlich miteinander verschmelzen. Die Fettflosse ist so marmoriert wie der Körper.

Die Barteln sind entweder einfarbig dunkelbraun oder braun-weißgefleckt. Die am Oberkiefer inserierten Maxillarbarteln besitzen an ihrer Basis eine Membran.

Da *S. nigriventris* wegen seiner außergewöhnlichen Schwimmweise bei Aquarianern recht beliebt ist und daher auch häufig gepflegt wird, ist es schon mehrmals gelungen, diese Art in Gefangenschaft nachzuzüchten. Allerdings waren die Umstände, unter denen die Welse abgelaicht hatten, sehr verschieden, so daß man kein allgemein gültiges Rezept für eine erfolgreiche Nachzucht geben kann.

Die Tiere paarten sich sowohl in sehr weichem als auch in sehr hartem Wasser. Die Temperatur lag zwischen 23 und 28 °C. Eine kräftige Fütterung mit lebenden Mückenlarven scheint den Laichansatz zu fördern. Balz und Ablaichen wurde nicht beobachtet.

Die Eier werden in einem dunklen Versteck abgelegt. Die Jungfische schlüpfen sieben Tage nach der Eiablage und ernähren sich noch weitere vier Tage von ihrem großen Dottersack. Nach drei Wochen sind sie 10 mm lang und immer noch völlig pigmentlos. In der vierten bis fünften Woche bilden sich die Barteln, der Flossensaum formt sich in die einzelnen Flossen um, und die Pigmentierung beginnt.

Ab der siebten Lebenswoche versuchen die Welse, sich in Rückenlage umzudrehen. Diese Versuche werden immer häufiger und perfekter, bis die umgekehrte Schwimmweise etwa in der zehnten Lebenswoche normal ist. Auch die Umfärbung (dunkler Bauch, helle Oberseite) hat dann stattgefunden.

Bis zu einem Alter von zwei Jahren leben die Tiere gesellig in Schwärmen. Später bilden sie kleine Gruppen von drei bis sechs Stück. Ausgewachsene Exemplare führen ein Einzelgängerdasein.

In ihrem natürlichen Lebensraum besiedeln die Rückenschwimmenden Kongowelse hauptsächlich die Uferzonen, wo sie sich tagsüber unter hineinragenden Wurzeln, überhängenden Zweigen und Blättern oder vorstehenden Felsen aufhalten. In dieser Ruhestellung schmiegen sie sich mit ihrer Bauchseite gegen das Substrat und nehmen dabei jede nur mögliche Körperposition ein.

S. nigriventris ernährt sich hauptsächlich von Insektenlarven, aber auch von pflanzlicher Nahrung und kleinen Krebstieren.

Im Aquarium nehmen die Tiere jedes ihnen angebotene Futter, wobei sie lebende Mückenlarven bevorzugen.

Normalerweise fressen die Rückenschwimmenden Kongowelse von der Wasseroberfläche. Sinken die Futterpartikel aber schnell zu Boden, nehmen sie sie von dort in der normalen Bauchlage auf.

Gegenüber Artgenossen und auch anderen Aquarienbewohnern verhält sich *S. nigriventris* ausgesprochen friedlich. Wird er allerdings mit sehr vielen tagaktiven und sogar etwas aggressiven Fischen zusammen gehalten, zieht er sich in seine Versteckplätze zurück und erscheint nur bei Dunkelheit. Die Vergesellschaftung mit anderen *Synodontis*-Arten ist problemlos.

Rückenschwimmender Kongowels (Synodontis nigriventris)

Malawi-Fiederbartwels (Synodontis njassae)

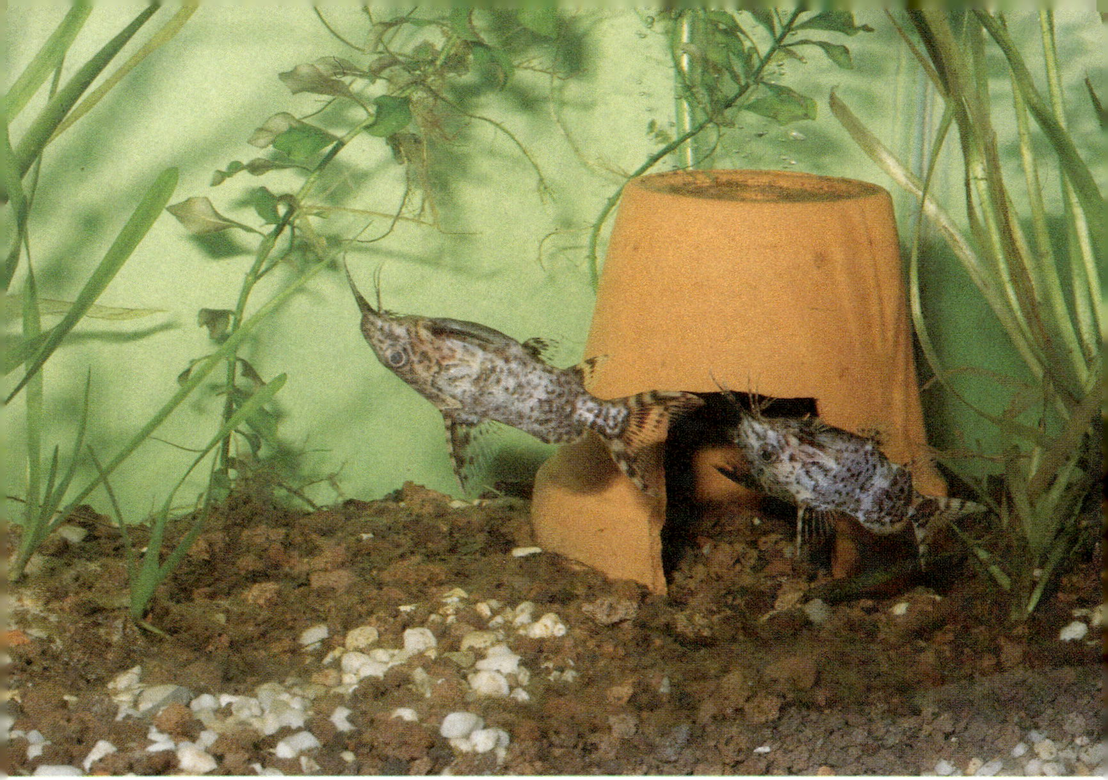
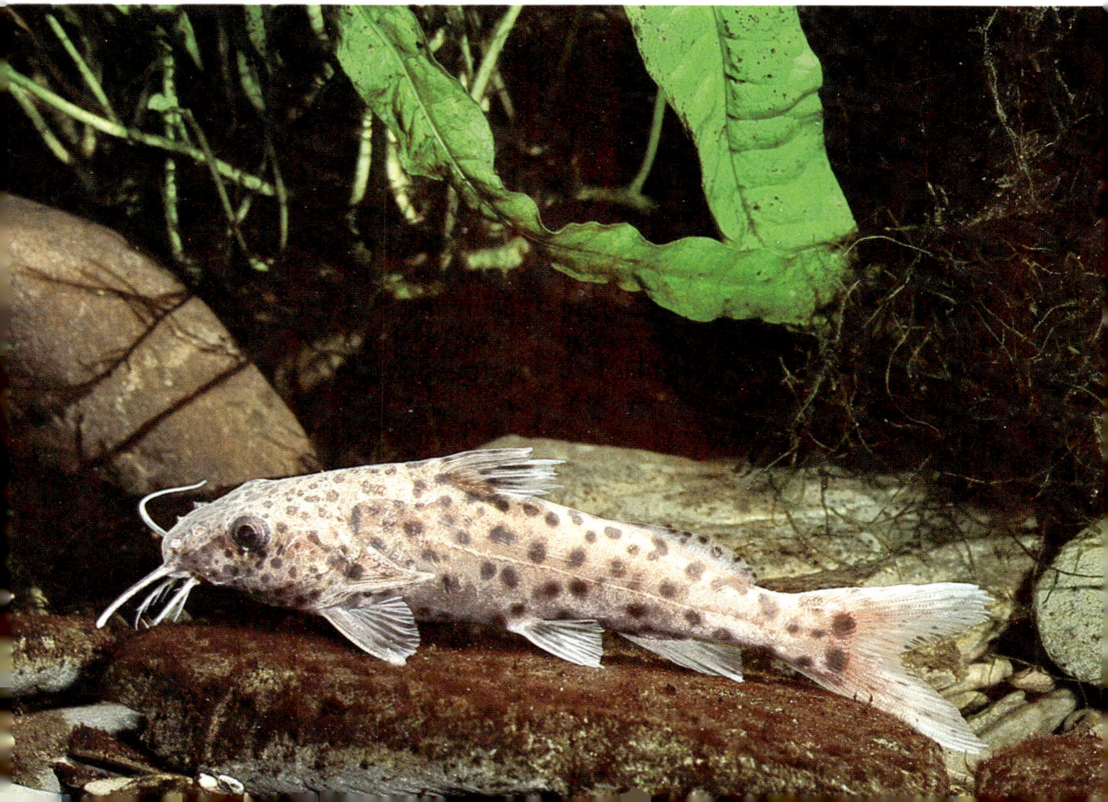

Synodontis njassae
KEILHACK, 1908

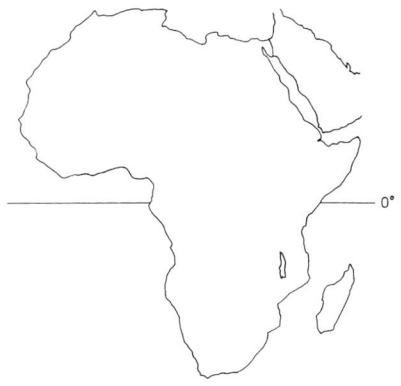

Malawi-Fiederbartwels

Verbreitung:
Malawi-See

Größe:
Maximale Länge 19 cm,
durchschnittliche Länge 15 cm

S. *njassae* (s. Abb. Seite 63 u.) ist die einzige im Malawi-See vorkommende Fiederbartwelsart. Die Grundfarbe der Tiere variiert von bräunlichgelb bis silber-grau. Manchmal besitzt sie auch einen bronzefarbenen Schimmer. Mit Ausnahme des Bauches ist der ganze Körper mit rundlichen, dunkelbraunen Flecken besetzt, die auf dem Kopfschild wesentlich kleiner sind. Die Fettflosse ist in die Körperzeichnung mit einbezogen. Auf Schwanz- und Rückenflosse befinden sich auch einige braune Punkte. Die anderen Flossen besitzen die Farbe des Körpers, tragen aber keine Zeichnung.

Die Barteln sind hellgrau gefärbt. Die Membran an der Basis der am Oberkiefer inserierten Maxillarbarteln ist kaum erkennbar.

Auch bei dieser Fiederbartwelsart gibt es eine große Variationsbreite der Körpermusterung, da sich die Zeichnung mit zunehmendem Alter verändert. Jungtiere weisen viele kleine Punkte auf blassem Untergrund auf, wogegen die adulten Welse eine dunklere Grundfarbe besitzen und auch die Flecken entsprechend dunkler und meistens auch größer sind. Weiterhin kann man bei den erwachsenen Tieren zwei Gruppen unterscheiden: die klein- und die großgefleckten Exemplare. Je kleiner die Flecken auf dem Körper sind, desto größer ist ihre Anzahl.

S. *njassae* wurde früher für die Art S. *zambesensis* gehalten. Allerdings ist dieser Wels in Flüssen weit verbreitet, wogegen S. *njassae* im Malawi-See endemisch vorkommt.

Weiterhin hat man S. *njassae* schon

mit *S. nigromaculatus* und *S. longirostris* verwechselt. Beide Arten sind zwar ähnlich gefärbt wie der Malawi-Fiederbartwels, leben aber in Flüssen und sind viel größer.

Sogar als *S. multipunctatus* wurde *S. njassae* schon bezeichnet. Diese im Taganjika-See lebende Art besitzt aber eine wesentlich andere Körperzeichnung.

S. njassae ist besonders an den felsigen Ufern des Malawi-Sees anzutreffen. Man findet ihn aber auch in tieferen Wasserschichten über sandigem Grund. Seine Hauptnahrung dort besteht aus kleinen Krebstieren. Im Aquarium nimmt er jede Art von Fischfutter gerne an. Allerdings macht er auch vor höheren Pflanzen nicht halt.

Aus dem Malawi-See stammen zahlreiche Cichlidenarten, die bei uns bekannte und beliebte Aquarienfische darstellen. Ideal ist es, wenn man *S. njassae* mit diesen Malawi-Cichliden vergesellschaftet. Die Tiere benötigen dieselbe Wasserqualität (pH von 7,7 bis 8,6) und man kann das Becken optimal für deren Bedürfnisse einrichten.

Da *S. njassae* aber ein anspruchsloser, widerstandsfähiger Wels ist, kann man ihn ebenso in einem anderen Gemeinschaftsbecken mit einem etwas niedrigeren pH-Wert (bis 6,8) halten.

Synodontis notatus
VAILLANT, 1893

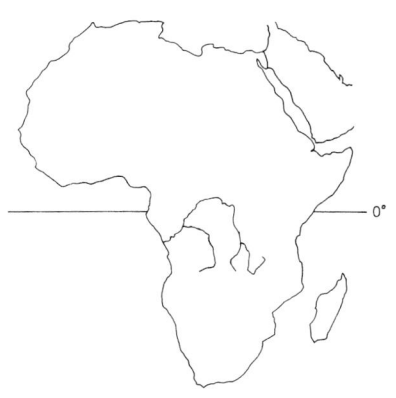

Einpunkt-Fiederbartwels

Verbreitung:
Zaire-Becken

Größe:
Maximale Länge 26,5 cm,
durchschnittliche Länge 21 cm

S. notatus (s. Abb. Seite 67 o.) ist nach *S. nigriventris* die im Zaire-Gebiet am häufigsten vorkommende Fiederbartwelsart. Entsprechend häufig findet man sie auch im Zierfischhandel.

Die Oberseite des Körpers besitzt eine helle graubraune Farbe; der Bauch ist weiß. Die Flossen sind immer einfarbig grau gefärbt ohne jegliche Zeichnung. Nur die knöchernen Flossenstrahlen erscheinen heller.

Der Kopfschild ist manchmal mit kleinen Punkten besetzt.

Die langen Barteln sind ganz weiß gefärbt. Sie besitzen keine Membran an ihrer Basis.

Besonders alte Exemplare bilden gelegentlich ein Filament an der Rücken- und an der Schwanzflosse aus.

Auf den Seiten des Rumpfes befindet sich meistens je ein großer kreisrunder schwarzer Fleck. Gelegentlich findet man Tiere ohne oder mit mehreren Flecken. Ist ein Punkt vorhanden, liegt er immer auf der Höhe zwischen Rückenflosse und dem Anfang der Fettflosse. Falls zusätzliche runde Flecken vorhanden sind, befinden sich diese meistens in der hinteren Körperhälfte. Je weiter sie hinten liegen, desto kleiner sind sie. Nur manchmal bildet sich einer auf dem Knochenfortsatz des Kopfschildes aus. Die Anzahl der zusätzlichen schwarzen Punkte variiert von eins bis fünf. Ihre Anordnung ist völlig unregelmäßig. Auf den beiden Körperseiten können sogar unterschiedlich viele Punkte vorhanden sein.

Mit zunehmendem Alter werden die Flecken größer. Haben sie eine bestimmte Größe erreicht, teilen sie sich in zwei neue Flecken, die dann im Laufe der Zeit immer weiter auseinander wandern.

Aufgrund der unterschiedlichen Anzahl der Punkte, hat man die zwei Unterarten S. *notatus binotata* und S. *notatus ocellatus* beschrieben. Wenn mehrere Flecken auf dem Körper vorhanden sind, gibt es unermeßlich viele verschiedene Variationen der Körperzeichnung von S. *notatus*, da durch die unterschiedliche Anordnung der Punkte zahlreiche Kombinationen möglich sind.

In der Literatur wurde S. *notatus* schon fälschlicherweise als S. *maculatus* bezeichnet. Häufig wird er mit der kleineren Art S. *congicus*, welche meistens zwei, manchmal auch ein oder drei runde Flecken auf den Seiten trägt, verwechselt. Ein sicheres Merkmal, an dem man S. *notatus* von S. *congicus* unterscheiden kann, ist die breite Membran an der Basis der Maxillarbarteln von S. *congicus*, die bei S. *notatus* fehlt. Außerdem ist der Kopfschild von S. *congicus* immer gepunktet.

Erwachsene männliche Tiere des Einpunkt-Fiederbartwelses sind schlanker als die Weibchen und besitzen längere Brustflossenstrahlen und eine längere Schwanzflosse.

Jungtiere von S. *notatus* sind friedliche Aquarienbewohner. Da sie aber relativ schnell eine stattliche Größe

Einpunkt-Fiederbartwels (Synodontis notatus)

Augenfleckenfiederbartwels (Synodontis ocellifer)

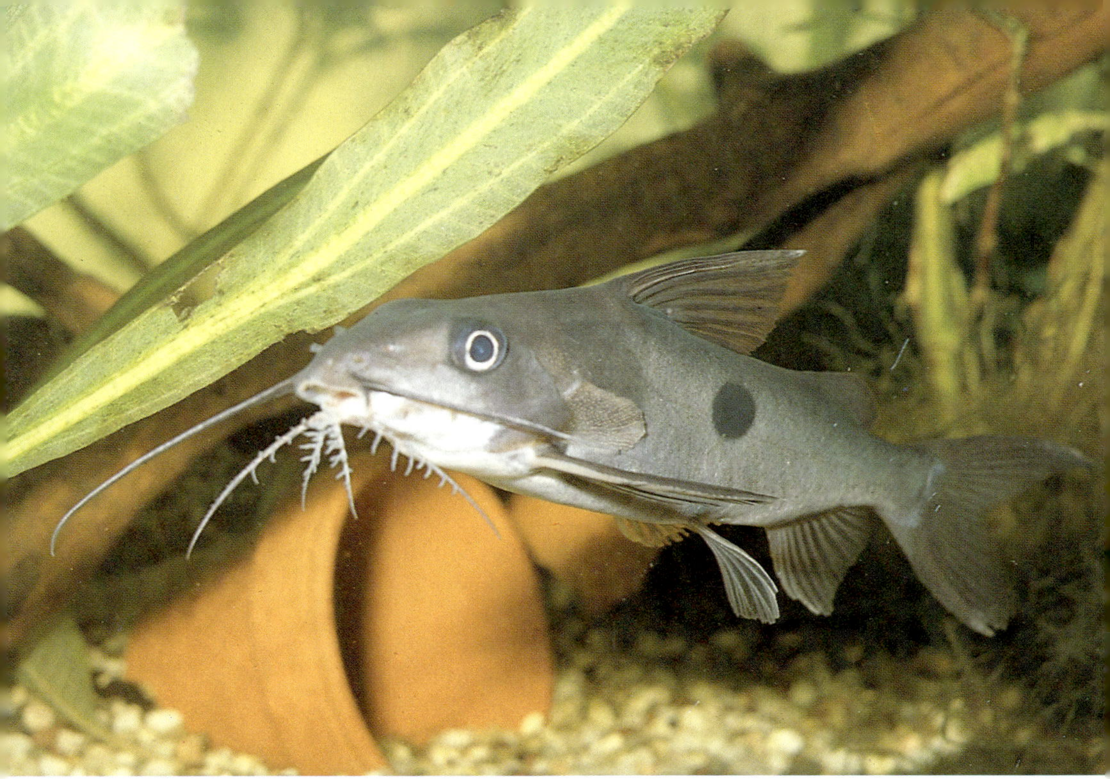

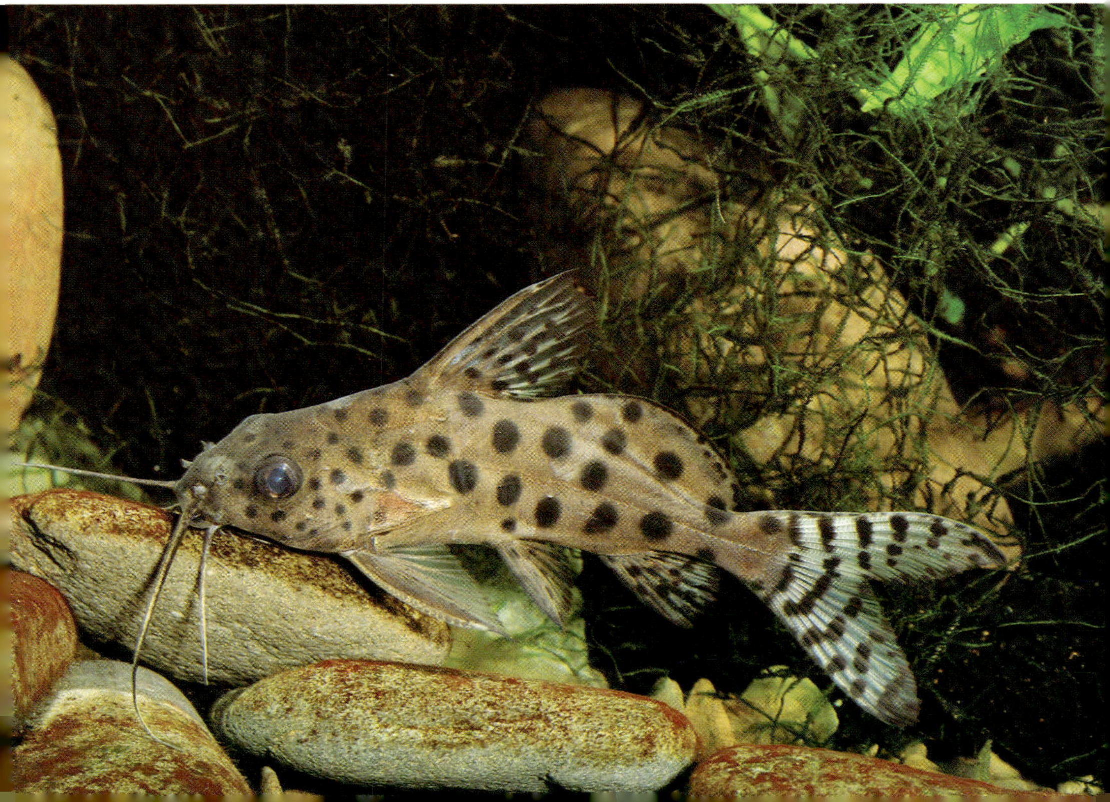

in Gefangenschaft erreichen und dann unter Umständen auch ein aggressiveres Verhalten zeigen, sollten sie nur in großen Becken (mindestens 200 Liter Inhalt) gehalten werden.

Bezüglich der Wasserqualität sind sie recht anspruchslos. Alle Arten von Fischfutter werden gerne genommen.

Synodontis ocellifer
BOULENGER, 1900

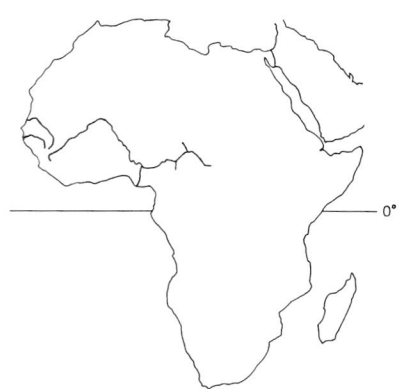

Großfleckenfiederbartwels,
Augenfleckenfiederbartwels

Verbreitung:
Zahlreiche Flüsse in Westafrika

Größe:
Maximale Länge 26 cm,
durchschnittliche Länge 17,5 cm

S. ocellifer (s. Abb. Seite 67 u.) ist ein sehr hübsch gezeichneter Fiederbartwels. Seinen lateinischen Namen (ocellus = Auge) hat er erhalten, weil die Flecken auf seinem Körper so groß werden wie die Augen.

Die Grundfarbe dieser Tiere ist ein helles Grau, was in einen bräunlichen oder in einen olivfarbenen Ton übergehen kann. Der Bauch ist weißlich ohne jegliche Zeichnung. Körper, Fettflosse und manchmal auch der Kopf sind bei Jungtieren mit runden, schwarzen Flecken besetzt. Die Flossen sind mit in Reihen angeordneten kleinen, schwarzen Flecken verziert, so daß ein Streifenmuster entsteht.

Die heranwachsenden Tiere ändern mit einer Größe von etwa 15 cm ihre Zeichnung. Einige Flecken verschwinden, die anderen werden so groß wie die Augen. Bei einigen Exemplaren wird das Zentrum der Flecken heller. Bei wievielen Tieren und warum diese nachträgliche

Hellfärbung der schwarzen kreisförmigen »Augenflecken« stattfindet, ist nicht bekannt. Es wird vermutet, daß sie etwas mit der Geschlechtsreife oder Laichbereitschaft zu tun hat. Sowohl bei Männchen als auch bei Weibchen findet diese Umfärbung statt.

Die kleinen Flecken auf den Flossen verschwinden bei den adulten Tieren auch zum Teil, so daß die Bänderung nicht mehr so deutlich ist.

Ein typisches Merkmal von *S. ocellifer* ist die sehr große Fettflosse. Sie reicht vom Ende der Rückenflosse bis zum Schwanzansatz. Dies ist ein sicheres Erkennungszeichen, um *S. ocellifer* von anderen Arten zu unterscheiden.

Jungtiere sind schon häufiger mit *S. nigrita* verwechselt worden. Außer an der Fettflosse kann man den Unterschied auch an den Barteln erkennen. Die Maxillarbarteln am Ober-

kiefer besitzen nur eine kaum erkennbare schmale Membran. Die Mandibularbarteln am Unterkiefer weisen feinere und längere Verzweigungen als bei *S. nigrita* auf. Außerdem hat *S. ocellifer* weniger Mandibularzähne als *S. nigrita*.

Der Großfleckenfiederbartwels ist in Afrika weit verbreitet. Man findet ihn in Flüssen, Seen, Bächen und sogar Sümpfen.

Er ist ein Allesfresser. In seinem natürlichen Biotop sucht er hauptsächlich den Bodengrund ab, ernährt sich aber gelegentlich auch von Plankton. Im Aquarium nimmt er gerne jedes angebotene Futter.

Da er ein friedlicher Fisch ist, läßt er sich in jedem Gesellschaftsbecken halten. Allerdings darf das Aquarium nicht zu klein sein, damit er bei seiner doch recht stattlichen Größe genügend Freiraum zur Verfügung hat.

Synodontis ornatipennis
BOULENGER, 1899

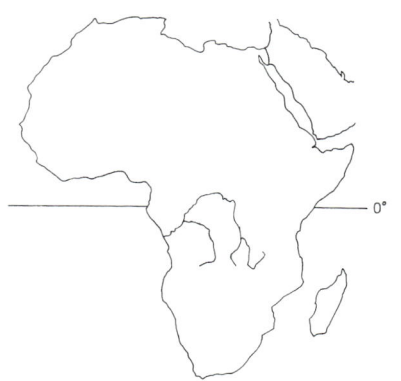

Prachtfiederbartwels

Verbreitung:
Zaire-Becken

Größe:
Maximale Länge 22 cm,
durchschnittliche Länge 17 cm

0°

Der Prachtfiederbartwels (s. Abb. Seite 70 u.) trägt seinen Namen zu Recht: sowohl die Jungtiere als auch die Adulten besitzen eine wunderschöne Zeichnung.

Der helle Körper der Jungtiere ist auf den Seiten mit sechs senkrecht verlaufenden dunkelbraunen Bändern besetzt. Zwei davon enden in der großen Fettflosse. Die anderen Bänder fließen auf dem Rücken zusammen. Die gelblichen Zwischenräume sind schmaler als die dunklen Streifen. Sie verschmelzen mit der hellen, ungemusterten Bauchseite. Die Oberseite des Kopfes ist dunkelbraun gefärbt oder mit dunklen Flecken besetzt.

Rücken-, Schwanz-, Bauch- und Afterflossen sind auch mit dunklen Streifen besetzt, die allerdings schmaler sind als die hellen Zwischenräume.

Mit zunehmendem Alter bildet sich ein Fleckenmuster heraus, indem die Streifen zerfallen und zwar zunächst in der vorderen Körperhälfte und erst später weiter hinten.

Die Zeichnung der erwachsenen Tiere besteht dann aus zwei horizontal verlaufenden Reihen von unregelmäßig geformten Flecken, die eine Art Mosaikmuster bilden. Auch die Anzahl der Streifen auf den Flossen ändert sich. Die schmalen Bänder scheinen sich durch Teilung zu vermehren. Gelegentlich zerfallen auch diese Bänder und die Flossen sind nur noch mit Flecken besetzt. Adulte Exemplare von *S. ornatipennis* sehen der Art *S. decorus* etwas ähnlich.

Der Prachtfiederbartwels ist im Zaire-Becken weit verbreitet. Er bewohnt häufig dieselben Lebensräume wie die Art *S. brichardi* und wird daher auch meistens mit *S. brichardi* zusammen importiert. Allerdings ist er nicht sehr häufig bei uns zu erhalten.

Die Jungtiere von *S. ornatipennis* besitzen zwar auch die senkrechten Streifen wie *S. brichardi*, man kann sie aber durch die größere Fettflosse und die nicht ganz so flache Körperform von *S. brichardi* unterscheiden.

Obwohl *S. ornatipennis* nicht diese extrem stromlinienförmige Körperform besitzt, ist er dennoch an das Leben in schnellfließenden Gewässern gut angepaßt.

Prachtfiederbartwelse sind friedlich und lassen sich gut in nicht zu kleinen Gesellschaftsbecken halten. Gefüttert werden sollte eine ausgewogene Mischung aus pflanzlicher und tierischer Nahrung.

Da *S. ornatipennis* in sauerstoffreichen Gewässern vorkommt, sollte das Aquarium immer gut belüftet sein.

Prachtfiederbartwels (Synodontis ornatipennis)

Synodontis pleurops
BOULENGER, 1897

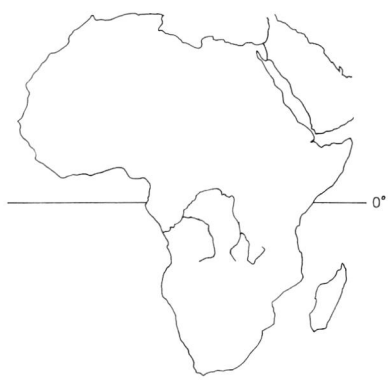

Großäugiger Fiederbartwels,
Gabelschwanzfiederbartwels

Verbreitung:
Zaire-Becken

Größe:
Maximale Länge 32,5 cm,
durchschnittliche Länge 24 cm

Diese sehr langsam wachsende Fiederbartwelsart (s. Abb. Seite 75 o.) verändert während ihres Lebens Farbe und Zeichnung sehr stark.

Der helle, graubraune Körper der Jungtiere ist mit großen, dunkelbraunen, unregelmäßig geformten Flecken besetzt. Der Kopf ist einfarbig braun, der Bauch weißlich. Brust- und Afterflossen sind an der vorderen Seite, Schwanz- und Bauchflossen im Zentrum schwarz gefärbt. Die restliche Fläche ist wie die Rücken- und die Fettflosse marmoriert.

Mit zunehmendem Wachstum verändert sich die Zeichnung des Rückens. Die Flecken verschmelzen mehr und mehr, bis die ursprüngliche Marmorierung völlig verschwindet. An den Seiten bilden sich runde, schwarze, vollkommen getrennte Flecken aus.

Bei sehr großen Exemplaren verwischen auch diese Flecken und sogar die Marmorierung auf den Flossen verschwindet. Die Schwanzflosse wird bis auf die beiden schwarzen Bänder am äußeren Rand sehr hell.

S. pleurops ist aber weniger an der Zeichnung, als an anderen Körpermerkmalen zu erkennen. An dem flachen, dreieckigen Kopf sind die sehr großen Augen seitlich inseriert. Sie fallen bei diesem Wels als erstes auf und lösen beim Betrachter die typische »Kindchenschemareaktion« aus. Egal, ob man das Tier von unten oder von oben betrachtet, die Augen sind immer gleich gut zu erkennen. Die sehr große Beweglichkeit der Augen ermöglicht es dem Tier, sein Umfeld sowohl nach oben als auch nach unten sehr weit optisch zu erfassen.

Weiterhin typisch sind die kurzen

Barteln und das große, weit vorstehende Maul. Die Maxillarbarteln besitzen an ihrer Basis eine Membran.

Der Knochenfortsatz des Kopfschildes ist relativ klein und abgerundet. Die knöchernen Brustflossenstrahlen sind nicht gezähnt.

S. pleurops ist ein sehr friedlicher Fisch, der nur mit ruhigen Fischen zusammen gehalten werden soll, da er sich ansonsten in seinen Versteck-platz zurückzieht und sich dort hauptsächlich aufhält.

Futter jeglicher Art wird gerne genommen. *S. pleurops* ist ein typischer Bodenabsucher und frißt auch fast ausschließlich vom Bodengrund. Nur gelegentlich schwimmt er schnell nach oben, holt sich einen Futterbrocken von der Wasseroberfläche, um sofort wieder in die unteren Wasserschichten abzutauchen.

Synodontis robbianus
SMITH, 1873

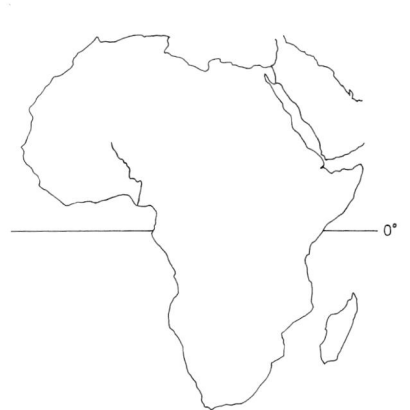

Braungefleckter Fiederbartwels,
Rostbrauner Fiederbartwels

Verbreitung:
Niger

Größe:
Maximale Länge 14 cm,
durchschnittliche Länge 10,5 cm

Dieser relativ kleine Vertreter der Gattung *Synodontis* ist im allgemeinen weniger bekannt, da er selten unter seinem richtigen Namen angeboten wird. Er ist der Art *S. nigrita* sehr ähnlich und auch meistens bei den Händlern unter diesem Namen zu finden.

Der bräunliche Rücken ist mit dunkelbraunen, kleinen Flecken besetzt. Der hellere Bauch trägt nur manchmal wenige Punkte. Die hellen Flossen sind ebenso dunkel gefleckt. Bei den Jungtieren dagegen sind die Flossen nocht regelmäßig gestreift.

73

Auf dem Kopfschild sind die Punkte kleiner und zahlreicher. Die Fettflosse ist relativ groß und so gezeichnet wie der Körper. Die Maxillarbarteln am Oberkiefer besitzen eine deutlich erkennbare Membran.

Von *S. nigrita* läßt sich *S. robbianus* (s. Abb. Seite 75 u.) durch die längere Fettflosse unterscheiden. Die adulten Tiere bleiben kleiner und, wie der deutsche Name schon sagt, ist die Grundfarbe eher braun im Gegensatz zu der grauen Färbung von *S. nigrita*.

Eine sichere Unterscheidung läßt sich eigentlich nur vornehmen, wenn man beide Arten nebeneinander betrachtet.

S. robbianus nimmt Nahrung sowohl vom Boden als auch von der Wasseroberfläche auf, wobei er sich auch kurzzeitig in die Rückenlage umdrehen kann.

Sowohl in seinem natürlichen Lebensraum als auch in Gefangenschaft bevorzugt *S. robbianus* tierische Nahrung.

Dieser Wels ist ideal geeignet für mittelgroße Aquarien. Er ist sehr friedlich und sollte nicht mit wesentlich größeren Fischen vergesellschaftet werden, da er sonst sehr scheu wird. Die Pflege zusammen mit anderen *Synodontis*-Arten ist problemlos.

Großäugiger Fiederbartwels (Synodontis pleurops)

Braungefleckter Fiederbartwels (Synodontis robbianus)

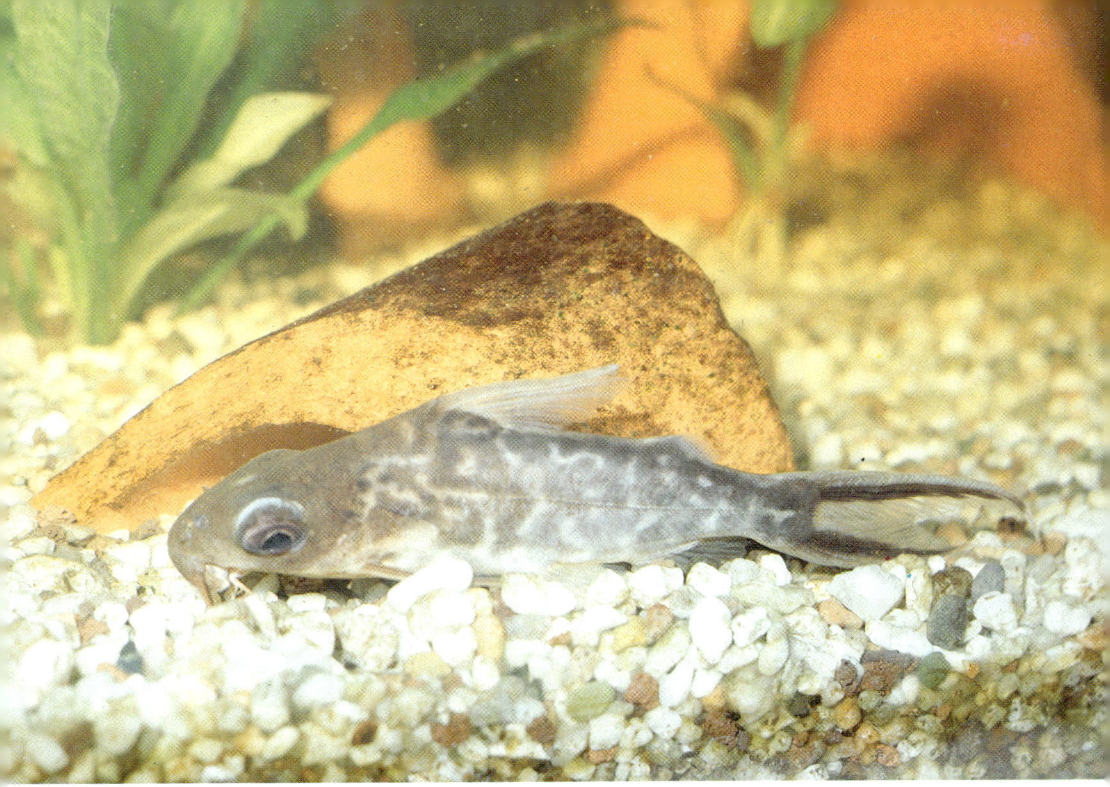

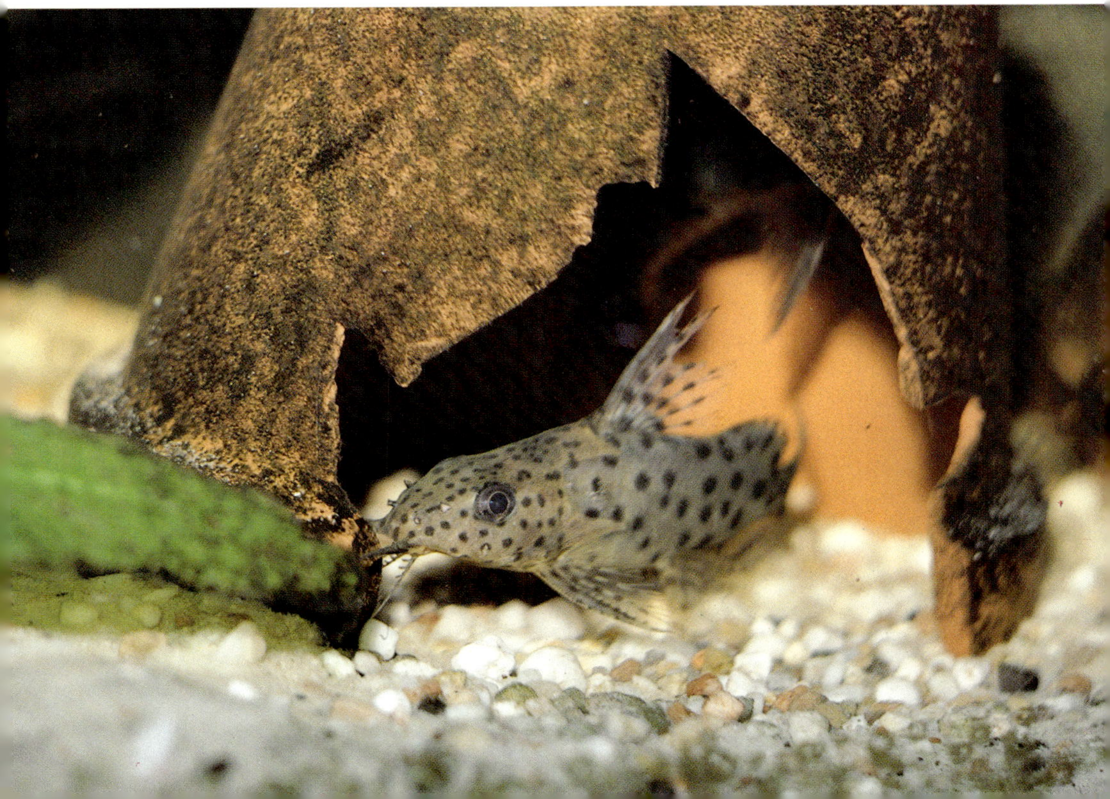

Synodontis soloni
BOULENGER, 1899

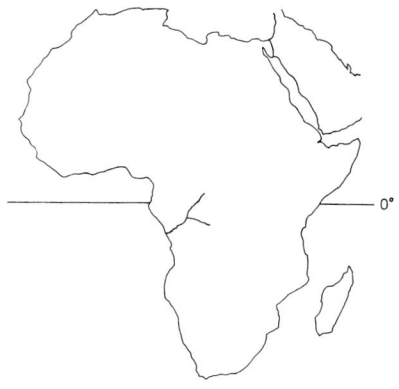

Scherenschwanzfiederbartwels

Verbreitung:
Katarakte des Zaire und seinen
Nebenflüssen

Größe:
Maximale Länge 15,5 cm,
durchschnittliche Länge 11 cm

S. *soloni* (s. Abb. Seite 79 o.) gehört zu den Fiederbartwelsen, die an das Leben in schnell fließenden Gewässern angepaßt sind. Die flache, langgestreckte Körperform bietet möglichst wenig Wasserwiderstand. Die große Schwanzflosse ermöglicht einen kräftigen Antrieb.

Die Grundfarbe von S. *soloni* variiert von oliv über grau bis zu einem gelblichen Ton. Die Bauchseite ist hell gelblich-weiß gefärbt ohne jegliche Zeichnung. Kopf, Körper und Fettflosse sind mit großen, deutlichen, gleichmäßig geformten braunen Flecken besetzt. Bei Jungtieren sind diese Flecken sogar noch größer und klarer, fließen aber manchmal zusammen. Die Flossen sind mit in Reihen angeordneten, kleinen, schwarzen Flecken besetzt. Nur auf der Schwanzflosse ist die Zeichnung bisweilen wie auf dem Körper. Der obere Teil des Schwanzes ist häufig länger ausgezogen als der untere.

Die Fettflosse ist besonders lang und hoch.

Die Maxillarbarteln des Oberkiefers besitzen eine deutliche schwarze Membran.

Die Augen sind recht klein und sitzen sehr weit oben auf dem flachen Kopf.

S. *soloni* ist friedlich und läßt sich mit anderen Fischen problemlos vergesellschaften. Nur mit Artgenossen oder anderen *Synodontis*-Arten kann es zu Revierkämpfen kommen.

Da die Tiere an schnell fließende und daher sauerstoffreiche Gewässer angepaßt sind, sollte das Aquarium reichlich belüftet sein.

Die Welse nehmen jede Fischnahrung gerne an, wobei die pflanzliche Kost nicht fehlen sollte.

S. *soloni* ist nicht sehr häufig im

Handel erhältlich. Vermutlich liegt das daran, daß in seinem natürlichen Lebensraum weniger Zierfischfang erfolgt als in den ruhigeren Flußläufen und Seen.

Ebenso in den Stromschnellengebieten des Zaires lebt die Art S. *caudalis* (Peitschenschwanzfiederbartwels), die durch ihre ähnliche Körperform und -färbung leicht mit *S. soloni* verwechselt werden kann. Sie wird im Durchschnitt 5 cm größer als *S. soloni*. Seinen deutschen Namen verdankt *S. caudalis* der Eigenschaft, mit zunehmendem Alter filamentartige Verlängerungen der Schwanzflosse auszubilden.

Synodontis schall
BLOCH-SCHNEIDER, 1801

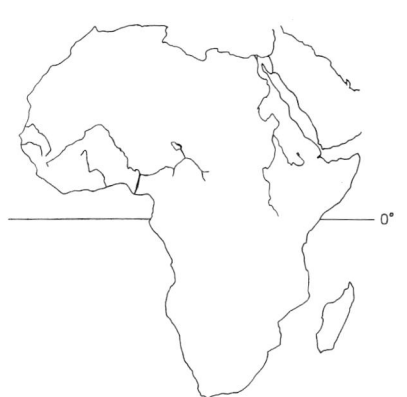

Grauer Fiederbartwels

Verbreitung:
Flüsse und Seen in West-, Zentral- und Ostafrika

Größe:
Maximale Länge 43 cm,
durchschnittliche Länge 36 cm

Obwohl *S. schall* (s. Abb. Seite 79 u.) – schon allein wegen seiner Größe – nicht unbedingt der typische Aquarienfisch ist, soll er hier dennoch vorgestellt werden.

Der Graue Fiederbartwels ist wohl der bekannteste und am besten untersuchte Vertreter seiner Gattung. Er war der erste, allerdings zunächst unter dem falschen Namen Silurus schall, beschriebene Fiederbartwels. Es gibt keine andere *Synodontis*-Art, über die so viel wissenschaftlich gearbeitet wurde. Aufmerksame Zoobesucher werden sicherlich schon häufig ausgewachsene Exemplare von *S. schall* in Schauaquarien gesehen haben. Für den Hobbyaquarianer lohnt es sich, nur kleine Jungtiere anzuschaffen, die dann wegen der begrenzten Beckengröße nie ihre vollen Ausmaße erreichen.

Untersuchungen verschiedener Populationen von *S. schall* ergaben, daß Tiere, die in Flüssen leben, größer werden als diejenigen, die in Seen beheimatet sind. *S. schall* ist eine häufig vorkommende Fiederbartwelsart. Z. B. gehören etwa 80 % der im Nil gefangenen *Synodontis*-Arten dieser Spezies an.

Die Jungtiere von *S. schall* sind hell marmoriert und mit schwarzen Punkten übersät. Die Grundfarbe variiert von hellbraun, über gelblichbraun, oliv-braun bis zu einem blassen violett. Zwei bis drei vertikal verlaufende, helle Bänder befinden sich in der hinteren Körperhälfte. Mit zunehmendem Alter verblaßt die Zeichnung immer mehr. Bei adulten Tieren ist die Oberseite grau oder braun gefärbt, der Bauch ist weißlich. Die Flanken und manchmal die Fettflosse sind mit feinen Punkten besetzt. Ein dunkler Fleck über dem sehr großen Fortsatz des Kopfschildes markiert die Lage des Gehörorgans.

Die am Oberkiefer inserierten Maxillarbarteln tragen an ihrer Basis eine Membran.

Die Fettflosse dieser Tiere ist sehr groß und hoch. Der obere Teil der Schwanzflosse ist länger als der untere. Bei älteren Exemplaren kann sich auch ein Rückenfilament ausbilden.

Den wissenschaftlichen Namen erlangte dieser Wels durch die schon recht früh bekannte Tatsache, daß er Laute erzeugen kann. Wissenschaftliche Untersuchungen haben sich eingehend mit diesem Phänomen beschäftigt. Dabei stellte man fest, daß *S. schall* auf drei verschiedene Arten Töne erzeugen kann:

1. Aus der Schwimmblase werden gezielt Gasblasen durch den sogenannten pneumatischen Gang entlassen.

2. Durch den »Springapparat«, eine Reihe miteinander verbundener Knöchelchen, wird die Wand der Schwimmblase in Vibrationen versetzt.

3. Die Stridulation des knöchernen Brustflossenstrahls in seinem Gelenk erzeugt knarrende Töne.

Bei jeglicher Art der Lauterzeugung fungiert die Schwimmblase als Resonanzkörper. Wie schon vorher erwähnt, dient die Lauterzeugung der Kommunikation und ist ein Ausdrucksmittel bei Angst, Schmerz und während der Paarung.

Obwohl bei *S. schall* das Phänomen der Lauterzeugung am besten erforscht ist, sind auch die anderen *Synodontis*-Arten in der Lage, Laute hervorzubringen. Gelegentlich kann man diese Töne auch in seinem Aquarium hören. Besonders häufig werden die knarrenden Laute erzeugt, wenn man Fiederbartwelse im Kescher festhält.

Scherenschwanzfiederbartwels (Synodontis soloni)

Grauer Fiederbartwels (Synodontis schall)

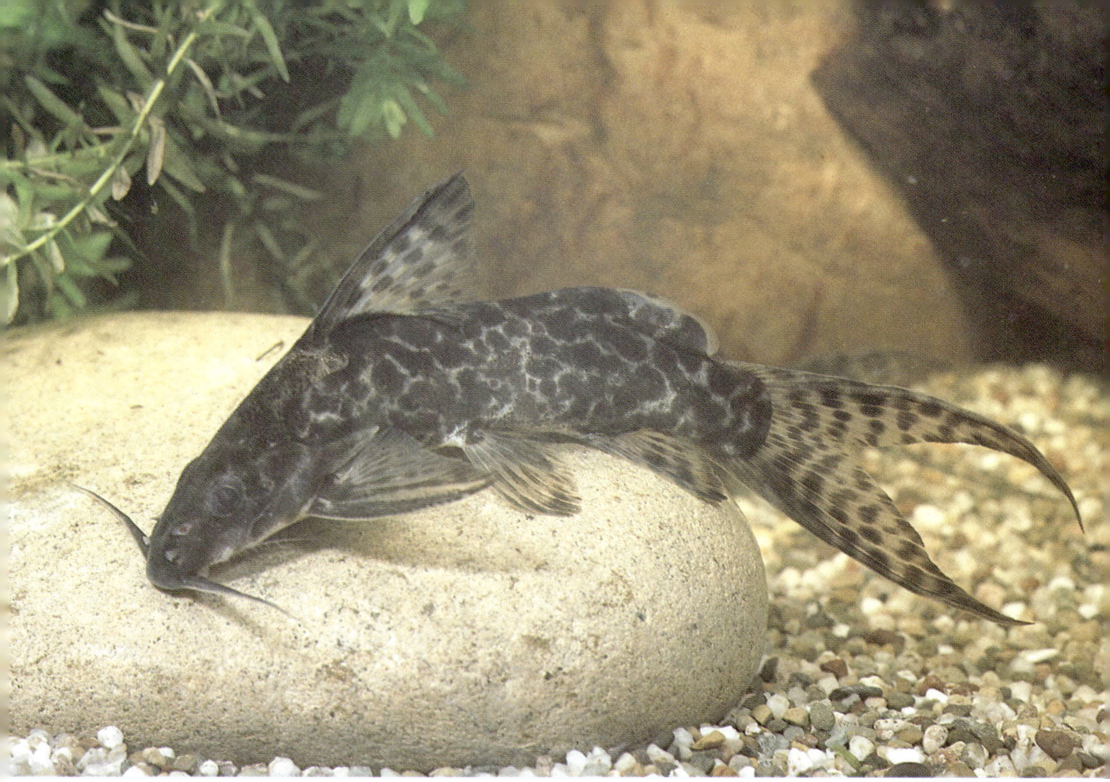

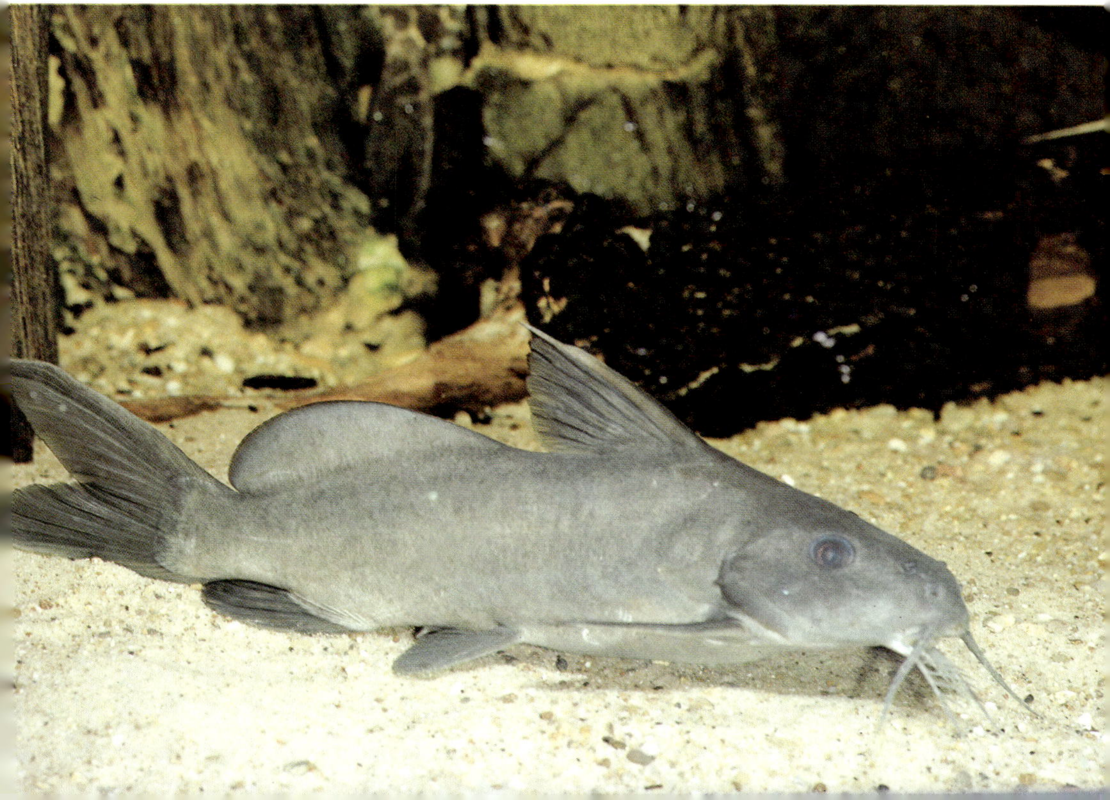

Das Balzverhalten von *S. schall* konnte auch schon beobachtet werden. Ein Männchen und ein Weibchen schwimmen ruhelos in Bodennähe nebeneinander her und graben mit ihren Brustflossenstrahlen immer wieder Löcher in den Sand. Hier hinein erfolgt nach einiger Zeit die Ablage von Eiern und Spermien. Nach dem Ablaichen trennt sich das Paar und die beiden Partner schwimmen wieder getrennte Wege.

Wer sich einen Grauen Fiederbartwels halten möchte, sollte auf alle Fälle über ein sehr großes Aquarium verfügen. Da die Tiere gelegentlich gegenüber anderen Beckeninsassen aggressiv sind, benötigen sie genügend Raum für ihr Revier. Sie sollten nicht mit kleinen Arten vergesellschaftet werden. In ihrem natürlichen Lebensraum ernähren sie sich vorwiegend von Insektenlarven und Schnecken. In Gefangenschaft fressen sie nahezu alles.

Synodontis schoutedeni
DAVID, 1936

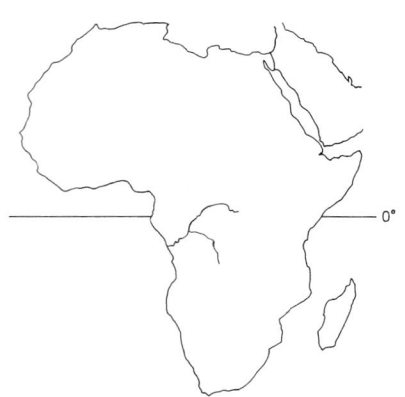

Marmorierter Fiederbartwels

Verbreitung:
Zaire-Becken

Größe:
Maximale Länge 17 cm,
durchschnittliche Länge 13,5 cm

Die Grundfarbe dieser in Gefangenschaft meistens sehr kleinen, hübsch gezeichneten Welse variiert von weißlich-gelb bis hellviolett. Sowohl Bauch als auch Rücken sind mit dunkelbraunen Flecken und gewundenen Streifen besetzt, die zum Teil ei-

Marmorierter Fiederbartwels (Synodontis schoutedeni)

ne kontrastreiche Marmorierung bilden. Auf den Seiten ist das Muster gröber als auf dem Kopf. Der untere Teil von Kopf und Körper ist mit kleinen rundlichen Flecken übersät. Die Flossen sind auch mit kleinen Punkten besetzt, welche in parallelen Reihen angeordnet sind.

Auch die filigran erscheinenden Barteln sind gefleckt. Die Maxillarbarteln am Oberkiefer sind sehr lang. Sie reichen bis hinter das Ende der Brustflossen. An ihrer Basis befindet sich keine Membran.

Die Tiere zeichnen sich weiterhin durch ein rundes Maul und kleine, sehr weit oben am Kopf befindliche Augen aus.

S. schoutedeni (s. Abb. Seite 81) lebt in kleinen, ruhigen Seitenarmen der größeren Flüsse und ist dort ziemlich häufig anzutreffen. Als friedlicher Fisch ist er für jedes Gemeinschaftsbecken geeignet.

In seinem natürlichen Biotop ernährt er sich hauptsächlich von pflanzlicher Nahrung, wozu sowohl niedere Algen als auch höhere Wasserpflanzen gehören. Daher macht er auch vor der Aquarienbepflanzung nicht halt. Um seinen Bedarf an pflanzlicher Nahrung zu decken, sollte man entsprechende Futterflocken anbieten.

Normalerweise frißt S. schoutedeni vom Bodengrund. Gelegentlich aber schwimmt er auch zur Wasseroberfläche, dreht sich in die Rückenlage und nimmt Futterpartikel von dort auf, ohne sich von anderen, auch

größeren Beckeninsassen stören zu lassen.

Vergesellschaftet man *S. schoutedeni* nicht mit aggressiven Fischen, kann man den munteren Wels auch häufig tagsüber beobachten. Bezüglich der Wasserqualität ist er sehr anspruchslos und widerstandsfähig.

In älterer Literatur wurde er schon fälschlicherweise als *S. nigrita* bezeichnet. Seine markante Körperzeichnung läßt ihn aber deutlich von anderen Arten unterscheiden.

Nur die Art *S. aterrimus* weist ein ähnliches marmoriertes Muster auf. Allerdings ist die Grundfarbe von *S. aterrimus* dunkler und der Kopfschild ist nicht in die Körperzeichnung miteinbezogen, sondern mit kleinen Punkten besetzt.

Literatur

ABU-GIDEIRI, Y. B., and D. H. NASR: Sound production by Synodontis schall (Bloch-Schneider). Hydrobiologia 43, 415–428 (1973).

ATZ, J. W.: It swims upside down. Animal Kingdom 54, 18–21 (1951).

ATZ, J. W.: Congo bonanza. Aquarium journal 27 (5), 171–177 (1956).

ATZ, J. W.: Our Upside Down Catfish grow up. Animal Kingdom 59, 141–143 (1956).

BISHAI, H. M., and Y. B. ABU-GIDEIRI: Studies on the biology of genus Synodontis at Khartoum.
I. Age and Growth. Hydrobiologia 26, 85–97 (1965).
II. Food and Feeding Habits. Hydrobiologia 26, 98–113 (1965).
III. Reproduction. Hydrobiologia 31, 193–202 (1968).
IV. Classification and Distribution. Rev. Zool. Bot. Afr. 63, 17–30 (1967).

BOULENGER, G. A.: The fishes of the Nile. London 1907. Reprinted 1965.

BRICHARD, P.: Unusual brooding behaviors in Lake Tanganyika Cichlids. Buntbarsche Bulletin 74, 10–12 (1979).

COLDITZ, G.: Verhaltensökologische Untersuchungen am Rückenschwimmenden Kongowels Synodontis nigriventris. Dissertation Münster 1986.

DAVID, L.: Deux espèces de Synodontis du Moyen-Congo. Rev. Zool. Bot. Afr. 28 (3), 417–418 (1936).

FERGUSON, J.: Observation of a spawning of Synodontis multipunctatus among rift lake Cichlids. Buntbarsche Bulletin 98, 13–16 (1983).

FINLEY, L.: Some Synodontis species of the Zaire Basin: Part II. FAMA 2 (9), 40–42 und 64 (1979).

FINLEY, L.: Some Synodontis species of the Zaire Basin: Part III. FAMA 3 (5), 16–19 und 83 (1980).

FINLEY, L.: Some Synodontis species of the Zaire Basin. Part one – Revised. FAMA 4 (9), 22–25 und 80–86, (1981).

FINLEY, L.: Some Synodontis species of Nigeria. FAMA 4 (10), 30–33 und 73–77 (1981).

FINLEY, L.: Synodontis Catfish of Lake Tanganyika. FAMA 4 (11), 14–17 und 81–86 (1981).

FINLEY, L.: Synodontis njassae Keilhack. FAMA 6 (3), 33–34 und 62 (1983).

FINLEY, L.: Synodontis multipunctatus reproduction and maternal mouthbrooding Cichlids – a Cuckoo relationship? Buntbarsche Bulletin Nr. 98, 17–18 (1983).

FINLEY, L.: Reproduction in Synodontis multipunctatus Boulenger. FAMA 7 (6), 22–25 und 63 (1984).

FINLEY, L.: Aquarium obervations on apparent reproductive behavior in Synodontis brichardi (Poll). FAMA 7 (10), 36–38 (1984).

KAHL, B.: Spotlight on Synodontis. Aquarium Digest International 2 (2), 8–10 (1973).

KOZIOL, T. J.: Spawning on old friend, Synodontis multipunctatus. J. Michigan Cichlid Assn. 2, 11–13 (1983).

LUKOWICZ, M. v.: Über die Barteln und die Lippenepidermis verschiedener ägyptischer Süßwasserfische mit einigen Versuchen zum Geschmackssinn. Zool. Anz. 176, 396–413 (1966).

MATTHES, H.: Les poissons du lac Tumba et de la région d'Ikela. Ann. Mus. Roy. Afr. Centr., Sci. Zool. 126, 113–118 (1964).

PFEIFFER, W., und J. F. EISENBERG: Die Lauterzeugung der Dornwelse (Doradidae) und der Fiederbartwelse (Mochocidae). Z. Morph. Ökol. Tiere 54, 669–679 (1965).

PINTER, H.: Handbuch der Aquarienfischzucht. Stuttgart 1966.

PINTER, H.: Breeding Synodontis nigriventris. Tropical Fish Hobbyist Magazine 7 (6), 18–21 (1959).

PINTER, H.: Nachzuchten mit Synodontis nigriventris David 1936. Aquar. Terr. Z. 9, 257–259 (1960).

POLL, M.: Revision des Synodontis africaines (Famille Mochocidae). Ann. Mus. Roy. Centr., Sci. Zool. 191 (1971).

ROBERTS, T. R.: Ecology of fishes in the Amazon and Congo basins. Bull. Mus. Comp. Zool. Harv. Univ. 143, 117–147 (1972).

SATO, T.: A brood parasitic catfish of mouthbrooding cichlid fishes in Lake Tanganyika. Nature 323, 58–59 (1986).

SCHRAML, E.: Fiederbartwelse der Gattung Synodontis (1). Das Aquarium 137 (11), 564–566 (1980).

SCHRAML, E.: Fiederbartwelse der Gattung Synodontis (2). Das Aquarium 138 (12), 618–622 (1980).

SMITH, B.: Synodontis multipunctatus. Wet Pet Gazette Norwalk (Ct.) Ag. soc. 11, 12–14 (1983).

STERBA, G.: Aquarienkunde. Band 1. Melsungen 1974.

STERBA, G.: Handbuch der Aquarienfische. München 1972.

Bildnachweis

Zeichnungen:

Marlene Gemke, Germering (BKU 307 337) nach Vorlagen der Autorin

Fotos:

A. van den Niewenhuizen, Zevenaar/Holland: S. 45 oben

K. Paysan, Stuttgart: S. 79 unten

H. Reinhard, Heiligkreuzsteinach/Eiterbach: S. 25 oben und unten, S. 29, S. 37 oben, S. 41 unten, S. 51 unten, S. 70, S. 79 oben

L. Seegers, Dinslaken: S. 63 unten, S. 67 unten, S. 81

alle anderen Fotos von der Autorin

Register

Die fett gedruckten Zahlen beziehen sich auf die Abbildungen.